Una fórmula sencilla para la felicidad y el éxito

TRANSFORMA TU VIDA

"De Manera Maravillosa"

"Para Personas de Mente Abierta… y los Incrédulos, Pesimistas & Curiosos"

Autor: JP TI

TRANSFORMA TU VIDA

Publicado por JP TI

ISBN 978-0-9929781-1-2

Primera impresión: 2016
Londres, Reino Unido.
www.inspiredbyjp.com

Titulo Original: Life Transformation

Información de pedidos:
Visita el sitio web, tiendas en línea y eventos de JP TI.

Para obtener inspiración y saber más acerca de los próximos eventos:

Sigue a JP TI en Facebook: JPtransformationalinspirer, www.facebook.com/JPtransformationalinspirer

Mira los videos disponibles en YouTube: inspiredbyjpti, www.youtube.com/user/inspiredbyjpti

Sígueme en Twitter: @inspiredbyjp

Mantén el contacto:
Correo electrónico: jp@inspiredbyjp.com

DEDICATORIA

¡Este libro esta dedicado a ti! ¡Los conceptos, lecciones y trucos incluidos te guiarán y ayudarán en la búsqueda de la felicidad y el éxito!

Dedico este libro a todas las personas que piensan que están viviendo una vida que NO pueden controlar, a todos aquellos que sienten que no son felices, que sienten que no están desarrollando su potencial al máximo. También dedico este libro a todas las personas exitosas que creen que no lo son, incluso cuando todos a su alrededor lo confirman.

☺ Feliz → potencial incompleto → sin éxito en la vida
☹ Triste → Exitoso "en papel o en su CV" → vida triste

Este libro está dedicado a todos en este universo, con todo mi amor, buenos pensamientos y energía positiva, dirigiré mi atención a mostrarles algunas de las mejores formas de resolver cualquier desafío que puedes enfrentar en tu vida, para estar más feliz que nunca, además de convertirte en una persona más exitosa.

CONTENIDO

AGRADECIMIENTOS

Quiero empezar agradeciendo a todas las personas que he conocido y me han ayudado a convertirme en quien soy, especialmente a todos mis amigos y las personas que me apoyan, incluyendo:

Steph, Isabella y Sofia
Elaine & Frank
Mum & Valen
Mis hermanos, mi hermana y sus familias
Doug
Pupi & Juanpi, y mi familia Moo
Belynda
KK
Peter
Tom
Ximena
Rose
Sarah
Alex
Jonpaul
Esme
Hannah
Richard
Sam
Laura
CJ
Storm
El grupo de David Lloyd Kings Hill
El equipo de Fitness First Liverpool St.
Todos mis amigos
Todas las personas que me han apoyado antes y después de descubrir la fórmula ☺

PRÓLOGO

"Hace mucho tiempo, solía creer que todo era posible... después dejé de creer en lo imposible y comencé a creer sólo en lo posible... Ahora, yo sólo... ¡CREO!"

JP TI

Hay un objetivo general que busco lograr y es ser capaz de ayudar a tantas personas como pueda, incluyendo la persona que está a tu lado en el metro, en el tren, en el bar, en el gimnasio, en el trabajo, a esa persona que puede estar luchando con la queja más pequeña o el problema más grande que ha enfrentado en su vida, pero no sabe como resolverlo.

Quiero y planeo llegar a la gente de cualquier ámbito, de cada condición social, nivel de riqueza o educación. Estas teorías son universales y aplican a cualquier persona, sin importar donde vivan o de donde vienen, sea cual sea su origen.

Si quisieras definirme, me gustaría que pensaras en un "Inspirador Transformacional". Quiero ser capaz de compartir lo que he aprendido, para que puedas aprender y encontrar tu propio propósito en la vida para que te sientas inspirado para transformar su vida.

En realidad, este libro no se trata de mí. Este libro es acerca de ti y para ti.

Has tomado la decisión de abrir este libro porque deseas las pautas y métodos para la felicidad y el éxito. Al compartir mis conocimientos y experiencias contigo, estarás a punto de aprender varias lecciones. Con estas lecciones espero dar una idea de cómo puedes aplicar este conocimiento en la realidad y quiero ayudarte en todo lo que pueda.

Podrías pasar años de sufrimiento, desgracias, malentendidos, fracasos, corazones rotos, así como años de terapia caras, y quizás ni así puedas conocer, aprender o entender lo que yo voy a compartir contigo.

En mi opinión, esta es la unión de las razones por las que la gente dice que "nos gustar aprender de nuestras propias experiencias" y que es necesario a) pasar por una experiencia dolorosa y tener lo que los expertos llaman el "Impulso" suficiente para cambiar, además de b) varios libros de autoayuda y personas "conocedoras" del tema con las cuales nos abrimos y aprendemos.

Lo que estoy compartiendo contigo en este libro, son algunas de las leyes y herramientas más poderosas, sugerentes y alucinantes para transformarte a ti mismo, tu manera de pensar y tu vida, pero sólo si estás listo para ver a través de ellas. La "fórmula" es bastante simple, ya tienes todos los ingredientes e incluso puedes mezclarlos a tu propio ritmo, tiempo y pasos. Depende totalmente de ti.

Quiero asegurarme de que está claro que lo que voy a decirte ya está disponible en muchos sentidos, ya que hay muchas personas que comparten algunas de las informaciones y leyes en todo el mundo en las que basé mis principios y técnicas. Y lo más importante **es que ya tienes todo el conocimiento dentro de ti.** Todo lo que estoy tratando hacer es de hacerte consciente, y compartir algunas de mis experiencias, lecciones y los principios fundamentales, reglas, pasos y procesos que he desarrollado y usado. Quizás pueden razonar o relacionarse a algunas de tus experiencias hasta cierto punto, por lo que puedes reproducirlos o utilizarlos como punto de referencia. Ojalá puedas ser capaz de utilizarlos, como un trampolín para lograr lo que pensabas que era imposible.

Espero que este libro te ayude con el inicio de tu viaje, a fin de aprender y entender lo **simple** de la vida y lo **hermoso y sorprendente** que puedes hacerla y que tu sed de aprendizaje y comprensión siga creciendo.

Si ya estás allí, espero que encuentres algo nuevo o útil para ti, tus amigos o familiares.

Me encantaría leer tus comentarios y observaciones y espero recibir toda tu buena energía, ¡así como yo te envío la mía en este momento! **Aunque no nos conozcamos personalmente... ¡Te amo! Y este libro es la manera que encontré para demostrártelo.**

INTRODUCCIÓN

Este libro debe ser leído en su totalidad, teniendo en cuenta cada parte, capítulo, componente, concepto, expresión, imagen. Es una fórmula integral que si consideras, entiendes y aplicas, te cambiará desde tu interior y te ayudará a producir todos los resultados que puedes soñar... **¡y así ... TRANSFORMAR TU VIDA!**

Concretamente, me di a la tarea de crear este libro como una guía, donde mi objetivo era reunir lo que creo que la mayoría de los libros que he tenido la bendición de leer no lo hacen. Esto es una combinación de:

- **Compartir las Leyes del universo y su aplicación práctica en el "día a día" de nuestras vidas, y así logres aprender a dominar tus pensamientos, y más específicamente aquellos pensamientos subconscientes sobre los conscientes; o lo que la mayoría de nosotros hemos aprendido a llamar inteligencia emocional**
- **Compartir la comprensión de las fuerzas básicas detrás de la felicidad y el éxito, - lo que llamo "bloques de construcción" – simplificando la forma de proveer esta información, para que todos puedan entenderlo, con conceptos simples y herramientas prácticas previstas para ayudar a internalizarlos.**

¿Qué es felicidad? ¿Qué es éxito? He discutido esto en detalle con la gente, he leído, estudiado y aprendido lo más que he podido.

¡Sí! ¡Finalmente lo logre! Durante casi 20 años, he estado buscando la "fórmula", leyendo libros sobre el éxito, biografías de personas exitosas, artículos en revistas y periódicos, incluso desmenucé la lista de millonarios e investigué acerca de las personas que aparecían en ellas. Obviamente, me orienté hacia el éxito material, pero sin embargo, yo lo estaba buscando y utilizando en otros campos también.

La gente piensa que, o puede ser feliz o exitosa, y no ambos – cuando puedes serlo y no te das cuenta. Por ejemplo, puedes pensar que las finanzas son un reflejo del éxito, o tal vez estás desesperada por ser madre y no te sientes exitosa o feliz a menos que lo hayas logrado. Pero a menudo no se es exitoso hasta que te das cuenta de que lo eres, por ejemplo al ser agradecido.

En resumen... la felicidad y el éxito son términos "relativos" y "subjetivos". Cada uno de nosotros tiene su propia definición. Así que a lo que he llegado, es lo que creo que podría ayudar a alcanzar una definición de felicidad y éxito. Además, puede que ni siquiera estés seguro de lo que estos dos términos significan para ti; y ese es mi objetivo, ayudarte a construir tu propia definición y crear tu propia visión.

Antes de entrar en detalles del libro, me gustaría hacer una declaración:

¡Quiero hacer algo diferente! Quiero hacer algo que la mayoría de los autores y otros libros no hacen. En lugar de pedirte que leas toda la historia y que intentes averiguar el significado y la verdadera fórmula, quiero decirla de inmediato. Aunque entiendo que necesitas trabajarla por ti mismo, y no hay una misma solución para todos, me gustaría intentar resumirla en una palabra.

La fórmula para la felicidad y el éxito es... ¡HÁBITOS! ☺

Por supuesto, es mucho más complejo que eso, pero eso es porque complicamos las cosas en la vida. Pero la vida puede ser simple y fácil. He tenido la suerte de encontrar, aprender y entender los conceptos clave que necesitamos dominar para modificar nuestros hábitos para lograr lo que queremos, sea lo que sea.

Pero hay algo que puedo prometer: si cambias tus hábitos y los aplicas constantemente, serás más feliz y tendrás éxito en cualquier cosa que te propongas hacer.

CONOCE UN POCO A JP TI

Siendo honesto, tengo que admitir que nunca pensé que iba a estar haciendo esto y llegando a la gente de esta manera, no sólo por mi duda y creencia de que no estaba suficientemente "calificado" – lo que pensé me llevaría a críticas de los "expertos" - pero peor, era que expondría mis miedos y experiencias a las personas y se reirían de mí, llevando a la pérdida de mi privacidad para comenzar, y muchas cosas peores después. Suena un poco crítico, temeroso, y hasta da miedo, ¿cierto? ☺ Pero sí, ese era yo antes de escribir este hermoso libro.

Entonces ¿por qué el cambio? puedes preguntarte.

Porque he tocado fondo y necesitaba abrirme a aprender, cambiar, porque algunos días no podía soportar más el dolor.

También porque encontré buenas personas, muy especiales.

Y es gracias a algunas de estas situaciones y sentimientos que viví, que encontré algunas de las teorías y conocimientos básicos, que todas estaban en mí, pero que yo necesitaba encontrarlas.

Y es por todo esto, que caí en cuenta que tenía que compartirlo con los demás, para ayudarlos.

Algunas personas que he conocido en los últimos años, y especialmente mientras escribía y compartía los borradores de este libro, mencionaron que debería compartir un poco mi experiencia, ya que puede relacionarse con la de otros y ayudar a entender de dónde vengo y mi perspectiva de la vida.

- Nací en Argentina, en una pequeña ciudad llamada Posadas, en la provincia de Misiones. Actualmente vivo en Kent, el "jardín de Inglaterra"
- Tengo una raza muy mezclada (Alemania, Polonia, España, Indios Guaraní... que residieron en Brasil, Paraguay y finalmente Argentina).
- He vivido en un par de países, incluyendo Argentina, EUA, Chile y el Reino Unido, y he viajado por varios mas.
- Me mudé al Reino Unido con el fin de continuar mi pasión por restaurantes y vivir mi sueño de volverme un banquero especialista en Fusiones & Adquisiciones (M&A, en inglés) en un importante Banco de Inversión, lo cual logré hacer.
- He sido Emprendedor desde joven.
- Me casé con una bella dama y tengo 2 Hijas hermosas.
- En la actualidad trabajo en banca, y también en proyectos para contribuir a la sociedad y ayudar a hacer una diferencia en este mundo y esta vida.
- Tengo un doctorado en mí mismo; he estado estudiándome durante más de 30 años ☺
- Tengo otro doctorado de la Universidad de la Vida ☺
- Tengo un título en Negocios y administración y un Post-Grado en Finanzas Internacionales.
- También tengo un título certificado en Entrenamiento Personal, Físico y Nutrición
- Lamentablemente, me divorcié de la bella dama con la que me casé, y es principalmente por esta razón que he aprendido lo que aprendí, gracias al viaje que comencé después de ese acontecimiento tan doloroso
- Me siento renacido, me transformé, he vuelto a evaluar mis valores y prioridades, y definido mi propósito en la vida, en el cual estoy trabajando día a día, creando y utilizando nuevos hábitos.
- Me siento, por fin, un Hombre Maduro... Me siento, por fin, feliz & exitoso... ¡me siento libre y listo para AMAR!
- Finalmente, ¡CREO!

RESUMEN GRÁFICO

El siguiente MODELO JP TI©, y su conjunto de bloques y columnas puede ayudar a representar en una imagen lo que he tratado de compartir en este libro. A pesar de que en realidad no se cubren en el orden exacto en los siguientes capítulos, puede ayudar para concentrarse en los conceptos generales. Espero que lo disfrutes. No espero que estés de acuerdo con todo lo que presento, pero si tomas al menos una cosa que te ayude a ser más feliz, ¡nos estás ayudando a alcanzar parte de esta increíble meta a los dos! ¡Gracias!

	FELICIDAD Y ÉXITO	
HÁBITOS	**EL PROCESO CREATIVO**	**FINANZAS**
	AUTOEVALUACIÓN	
	BLOQUES, FUDNAMENTOS Y CIMIENTOS	
	LEYES UNIVERSALES	
	SALUD	

RECUERDA... "LA VIDA ES UN MARATÓN... NO UNA CARRERA"

CAPÍTULO 1
HAZTE ALGUNAS PREGUNTAS

¿TIENES EL CONTROL SOBRE TU VIDA Y TU DESTINO? ¿O SÓLO ERES UNA CONSECUENCIA DE LO QUE ESTA DESTINADO PARA TI?

La verdad es que... TIENES UNA OPCIÓN.

Siempre tienes una opción. Si pensar o <u>NO</u>, sentir, decir, hacer, actuar.

¿QUÉ ESTÁS BUSCANDO?

¿QUÉ PREGUNTAS EN LA VIDA BUSCAS RESPONDER? ¿QUÉ SITUACIÓN, ASUNTO O PROBLEMA QUIERES RESOLVER?

¿Eres una de esas personas que creen que la vida debe ser más? ¿Sientes como si no estuvieras desarrollando todo tu potencial o que eres infeliz? ¿En tu trabajo, matrimonio o relación, salud o tu físico?

¿Sientes como si no tienes ningún propósito en la vida?

¿Te sorprendes recordando esos sueños que solías tener cuando eras un niño, adolescente o joven adulto? ¿O incluso has soñado recientemente, pero luego pensaste que era imposible o incluso ridículo?

Bueno, piénsalo otra vez. Con este libro comprenderás que todos tus sueños son posibles. No hay nada que no puedas lograr. Puedes hacer que todo suceda. Pero lo más importante de todo, ¡es que todo está dentro de ti para lograrlo! Tienes todo lo que necesitas, pero sólo necesitas un poco de ayuda para ver esas herramientas que ya tienes, y así utilizarlas, tomar medidas y ¡materializar todos tus sueños!

Acción: Antes de seguir leyendo este libro, te insto a pensar y escribir al menos 3 cosas - problemas o desafíos - o sueños que están en tu mente en este momento o que puedas imaginar, que deseas resolver o cambiar. Luego podrás revisar éstos a medida que avanzas a través del libro, tomando notas o incluso añadiendo más a medida que lo encuentres apropiado.

Sugerencia: Piensa en imágenes para ayudarte a visualizar y recordar más fácilmente.
Te recomiendo que los escribas usando formas prácticas y dispositivos de alta tecnología, como un Smartphone o Pad que tengas. Otra posibilidad es hojas blancas de papel de A4/A3 y colocarlas en tu hogar en lugares visibles, como la puerta de la nevera u otras.

CAPÍTULO 2
BLOQUES DE CONSTRUCCIÓN, BASES, FUNDAMENTOS y CIMIENTOS

2.1 BLOQUES DE CONSTRUCCIÓN

"Paso a Paso"... "bloque sobre bloque"...

Creo que la manera más eficaz y sólida de construir (o reconstruir) es si lo haces en bloques; bloque sobre bloque, paso a paso. Este enfoque ayuda a construir una base sólida donde puedas caminar, subir o apoyarte.

Mis amigos dicen que soy muy práctico en mi forma de pensar, y la gente con la que trabajo dice que soy muy organizado. Así que supongo que podría decirse que he llegado a ser así con el fin de lograr lo que necesito, como una especie de director del proyecto de vida, en el que hay que entender las entregas, dependencias entre tareas y gestión de cambios y contingencias de la mejor manera posible.

Yo soy un poco más pop en mi lista de modelos de conducta, y entre ellos quiero usar al actor Will Smith para comenzar, citando un ejemplo que utiliza en una de sus entrevistas. Cuando el era joven, su padre tenía una panadería y un día decidió que quería un nuevo muro en la parte delantera de la tienda. Así que tumbó la pared y le pidió a Will y a su hermano que volvieran a construir el muro. No tenían habilidades de construcción, lo hicieron todos los días por más de 18 meses hasta que terminaron.

Will solía ver el muro y pensar que iba a haber un agujero en el suelo por siempre. Pero lo terminaron y cuando lo hicieron; su padre se acercó y les dijo: **"Nunca me digas que no puedes hacer algo"**.

Esta sencilla historia tiene mucho más de lo que se puede apreciar a primera vista. Implica compromiso, aprendizaje, habilidades, práctica, perseverancia y paciencia, fe, y mucho más.

Si hay un punto que me gustaría destacar de esta historia, es que todo lo que necesita en la vida es poner "un bloque a la vez", constantemente, ¡y lograrás lo que te propongas!

i) ¿Ciclo vicioso o ciclo virtuoso? (YIN & YANG)
Para explicar lo que es el éxito – o al menos cómo puedes entender el concepto y la forma de lograrlo – permíteme empezar por explicar lo que no es éxito y como solemos aseguramos de no ser – o no sentirnos – exitoso.

Mi mejor "entrenador" (mi término no amenazante para Psicoterapeuta), me intentó explicar el concepto muchas veces: **"mientras más te enfocas en lo malo y negativo, peor te sientes y peor se torna"**. Es como una bola de nieve. De hecho, desde hace más de 5 años me dijo esto y no lo entendí. Yo tengo "razones" para justificar por qué era tan importante atenerme a mis "valores" y por lo tanto sentirme molesto por algunas situaciones.

Ahora piensa en esto gráficamente, de una manera que funcione para ti, yo personalmente pienso y utilizo el yin-yang. Imaginando que cada vez que ocurre un pensamiento negativo, a la mitad blanca se le añade un gran punto negro. Como puedes ver, al molestarte automáticamente otro punto negro aparece en la mitad blanca, y así sucesivamente. **Se necesita muy poco tiempo para que el lado blanco se pinte ¡TODO DE NEGRO!**

Así es como funciona nuestro cerebro y mientras más negro pienses, ¡más negro ves! **¡Es un círculo vicioso!**

Ahora, si puedes entender este punto, tratar de pensar si haces exactamente lo contrario, siempre con un buen pensamiento, una buena idea, y así sucesivamente...

¡Esto es lo que las personas exitosas hacen! Piensan cosas buenas, se centran en las cosas buenas y en lo que quieren hacer. No PIENSAN negativamente o en las cosas malas que pueden suceder. Y te digo que, por lo general funciona, y si en lo que piensan no sucede, ¡piensan en otra cosa para hacer que suceda!

ii) Actitud

A menudo se oye a la gente hablar acerca de tener la "actitud" correcta.

Permíteme resumirlo para ti: una actitud **"feliz, SÍ PUEDO"** es lo que te llevará a conquistar todo lo que sueñas.

Nada es seguro, y lo más seguro es que las cosas se desarrollan de una manera diferente a como te imaginabas que se vería el camino. Pero el resultado será determinado y conseguirás lo que te propongas lograr.

Olvidemos por un momento lo que la gente piensa, que es normalmente lo que hace que dejes de ser tú mismo y hacer lo que quieras. ¿Cómo prefieres verte desde el exterior, como una persona feliz y positiva, audaz e impulsada, comprometida a hacer frente a cualquier desafío y entregar las tareas o acciones que se requieren en un plan? ¿O como una persona negativa, infeliz, que ve todas las razones por las que algo no va a funcionar, rehúye de la responsabilidad y sin motivación para llevarte – mucho menos a otros – a lograr algo?

¡Muy simple! ¡La decisión es TUYA!

iii) MOTIVACIÓN vs. COMPROMISO sobre MOTIVACIÓN (M / C / M)

Una vez asistí a un curso de 1 día para escuchar y conocer al Dr. Steve Peters (psiquiatra). Él es el hombre que ayudó a Sir Chris Hoy y el Equipo de Ciclismo de GB (Great Britain) a lograr una de las más exitosa acolada de medallas en los Juegos Olímpicos. Fue contratado por la Organización de Atletas del Reino Unido para trabajar en su rendimiento después de los Juegos Olímpicos de 2012.

Si piensas que eres una persona que ve los problemas de forma analítica y lógica en exceso, y luchas con los cambios de humor y los arrebatos de cólera, así como otros puntos que son una casi locura, te recomiendo comprar su libro, "La paradoja del chimpancé". Te ayudará a entender un modelo muy simplificado que explica los conceptos básicos del cerebro y cómo manejar sus pensamientos y lo más importante, sus sentimientos y reacciones.

De vuelta al evento: entre los hechos y lecciones interesantes que aprendí ese día, hubo un punto que el Dr. Stevens destacó, y era la diferencia entre "motivación y compromiso".

Él dijo: "**…. la vida NO se trata de la motivación … se trata del compromiso**" y contó una historia de un cirujano que operó a un paciente de emergencia a las 2 de la mañana, bajo condiciones de calor y cansancio. Esta persona no podía dejar de operar y decir: "Estoy cansado y tengo calor, no puedo operar más, ¡no estoy motivado!"

Esta historia quedo en mi mente y me hizo darme cuenta por primera vez el significado del compromiso y el poder detrás de la palabra y las acciones que la siguen.

Tú podrías tomar esta palabra y hacerte una pregunta, antes de iniciar cualquier proyecto, cualquier relación, o incluso cada acción.

Yo solía creer que LA FUERZA DE VOLUNTAD era lo que me llevaba a alcanzar tantos objetivos y éxitos en mi corta vida, así como superar los momentos difíciles. Pero ese día me di cuenta que era el compromiso de hacer todas estas cosas.

Además, hay un fuerte pensamiento detrás de la historia y este concepto: ¿qué pasa si "Tu vida dependiera de ti operándote a ti mismo"? ¿Elijes sentirte motivado o comprometido?

¡La decisión es tuya!

Pero en cuanto a mí, ¡estoy comprometido a cambiar mi vida ahora! ¿Y tú?

iv) VALORES vs. Principios vs. VALORES
Esto es algo que si consigues entender y "reconectar" a tu cerebro y creencias (creencias limitantes), te ayudará enormemente.

Esta es otra pieza del pilar de la punta del iceberg que este libro busca compartir.

Valores
Antes de continuar, para por un minuto y piensa en tus valores, pero no hay necesidad de pensar tanto en este momento , ya que tendrás que escribirlas más adelante en el libro, en la sección de autoevaluación.

Cuando pensamos acerca de los valores, la mayoría de nosotros piensa en palabras como honestidad, lealtad, y otras parecidas. Estas son intrínsecas, subjetivas y muy arraigadas en nuestra **mente subconsciente**, y se dice, por tanto, que son más difíciles de modificar.

Sólo para ayudarte a pensar en algunos, usemos por ejemplo, la lista del sitio web de historia e inglés enumera los "9 Valores Ingleses". Es posible que te identifiques con algunos o que tengas tu propia lista.

1. Valentía y Abnegación
2. Verdad
3. Honor
4. Fidelidad
5. Disciplina y Deber
6. Hospitalidad
7. Laboriosidad
8. Autosuficiencia
9. Perseverancia

Principios

Un principio es una **regla** que hemos creado para poder vivir en sociedad. Es externa y más práctica, y supuestamente se puede modificar con mayor facilidad.

Las definiciones de los principios que se encuentran en Wikipedia, por ejemplo, son los siguientes:
- Una ley, doctrina o supuesto integral y fundamentalmente descriptivo,
- Una regla normativa o código de conducta,

Valores vs principios

El mejor ejemplo que he oído para mostrar la diferencia y aplicación de estos dos conceptos es el de un gánster, quien tiene un conjunto de valores – como todos – y un conjunto de principios que aplica para ejercer su negocio. Sin embargo, desarrolla otro conjunto de principios con el fin de ser capaz de vivir en sociedad – y, obviamente, ¡no ser atrapado!

Todos intentamos de una manera u otra ser capaces de ser mejores en lo que queremos, entonces por qué no tratamos y lo entendemos y aceptamos para, conscientemente, modificar nuestros principios y cumplir con nuestros valores de una manera que sean menos conflictivos entre ellos.

Valores NUEVAMENTE – Parte II – Un enfoque o perspectiva diferente

Ahora, me gustaría que pensaras en los valores de una manera diferente.

Ya que sabemos que los valores son difíciles de cambiar, pensé que no iba poder ser capaz de cambiar cualquier cosa para conseguir lo que quería.

Entonces conocí al Dr. John Demartini, y tuve la oportunidad de asistir a una de sus presentaciones en persona una noche de verano, un jueves, en un hotel en Knightsbridge, Londres.

Durante esta presentación empezó a hablar de Axiología – el estudio filosófico de los valores a partir de los puntos de vista de lo bueno/ correcto y la belleza / armonía y de los telos (del Latín): que en resumen es el fin del propósito al que queda sujeta la vida.

Lo que aprendí en esta breve presentación, es que si nos centramos en lo que realmente queremos en la vida – nuestro fin y propósito – y somos capaces de **clasificarlo en términos de prioridades** – una especie de jerarquía, y entonces somos capaces de hacerlos nuestros VALORES e identificar más fácilmente qué es lo importante para nosotros en la vida.

Si hacemos este ejercicio, el resultado inmediato es que tendremos una lista de "Valores", que en realidad podemos cambiar tanto como queramos – que es lo que sucede a medida que crecemos.

Puedes ver, si quieres ser alguien o tener algo, puedes cambiar tus principios para conseguirlo, pero es sólo mediante la comprensión y el cambio de los valores que serás capaz de mantenerlo en el tiempo.

Por ejemplo:
Puedes crear tu lista de valores, por ejemplo, estableciendo lo siguiente;

1. Cuidar tus hijos
2. Cuidar tu esposa
3. Ser el mejor en lo que haces – trabajo, deporte, etc.
4. [...]
5. [...]
6. ...

Una vez que estableces tu lista de valores / prioridades, tendrás que modificar tus principios, y en última instancia tus valores intrínsecos con el fin de lograr tu objetivo.

Las personas insiste en decir que "Las personas NO cambian"... pero, ese es el caso porque "Las personas NO CREEN que pueden cambiar", o en otras palabras... "Las personas NO QUIEREN cambiar"... "LAS PERSONAS ESTÁN EN AVERSIÓN AL CAMBIO"

Y sabes que lo interesante es que... **¡EL CAMBIO ES LA ÚNICA CONSTANTE EN LA VIDA!**

En el momento en que hayas terminado este libro y te las arregles para entenderte a ti mismo, serás capaz de no sólo cambiar, sino también de mantener estos cambios y lograr lo que quieres en la vida.

NOTA: LOS VALORES y LAS RELACIONES PERSONALES
Subestimamos el efecto de los valores en las relaciones. Subestimamos cómo estamos influenciados por otros y cuánto estamos influyendo en la gente con las que nos relacionamos.

La clave para manejar y mejorar las relaciones comienza con entender tus valores y en paralelo – de ser posible – los valores de las personas que te interesan y se relacionan contigo. Es sólo de esta manera que podemos mantener nuestra independencia – sin renunciar a nuestro fin o propósito en la vida (Telos) – respetando a los demás.

(Telos): Un telos (del griego τέλος para "fin", "propósito", o "meta") es un fin o propósito.

2.2 BASES, FUNDAMENTOS Y CIMIENTOS
Un par de citas y puntos claves para empezar:

"Todo en la vida es correcto y es en la forma en que se supone que tiene que ser y lo que se pidió".

JP TI

"No importa si piensas que puedes o que no puedes—Estás en lo correcto."

Henry Ford

Los siguientes son algunos aspectos clave, temas, y consideraciones para que tengas presente cuando leas todo el libro:

A – DARSE CUENTA (Conciencia)
i) Tu situación actual NO SERÁ LA MISMA para TODA LA VIDA
La situación actual que estás viviendo es un momento específico en el tiempo. Es el resultado de una combinación de resultados, derivados de una mezcla de decisiones conscientes y subconscientes que has creado con el tiempo, a lo largo de los años. La verdad interesante es que la situación de vida actual no es igual a toda tu vida. Lo qué te está pasando ahora mismo, ya sea en el trabajo actual que tienes (o no tienes), familia, amigos, vehículo, todo es sólo una situación.

Hay muchos ejemplos que podría usarse para mostrar cómo las personas confunden su situación con sus vidas:

Un ejemplo sencillo que podemos utilizar es cuando las personas pierden sus puestos de trabajo. Todo el mundo parece desmoronarse, sobre todo si están en competencia y no tienen los ahorros para pasar por ese periodo, mientras tratas de encontrar otro trabajo. Una vez que pierdes el trabajo, la gente se olvida que es sólo una ocurrencia, un momento en el tiempo y proyectan su vida en torno a ese trabajo. Entonces la gente tiende a pensar y, por lo tanto, siente, que toda su vida ha terminado. La gente por lo general se identifica con sus roles y el estatus que les dan los títulos. El problema reside en la pérdida de la identidad, y en no recordar que el trabajo no los hace como persona, y que son la misma persona, con las mismas habilidades y capacidades. La gente termina superándose a sí mismos o culpando a los demás, su pasado, familiares y socios con el fin de encontrar una razón (o excusa).

Algo similar puede sucederles a las personas cuando se divorcian. Tema para otro libro completo.

Otros ejemplos más simples son todos esos momentos cuando cometemos errores pequeños, como romper un vaso, o derramar un poco de café en nuestra ropa, e inmediatamente llamarnos con nombres groseros como idiota, estúpido, inútil, etc. Estamos creando efectivamente una generalización a definirnos basados en un solo evento o error. Una vez que te das cuenta de cuál es la fórmula de la felicidad y el éxito, te darás cuenta de que a veces estos "accidentes" son signos y tienen otros significados, que si aprendemos a ser lo suficientemente conscientes, están para demostrar algo, una lección, o ayudarnos de otras maneras.

Acción: escribe lo que crees que es tu "vida" en este momento, y trata entender lo que piensas que es una situación y que "piensas" es tu vida.

ii) Un punto en una hoja de papel

El punto anterior acerca de situaciones de la vida se puede poner en perspectiva con el siguiente ejercicio:

Comienza imaginando un enorme pedazo de papel blanco, o agarrando una hoja A3 o A4 de papel. Luego imagina o simplemente dibuja un sencillo punto con lápiz negro en la hoja de papel.

Ahora mira ese punto o lugar.

●

Ahora, si piensas de ti mismo en el contexto de la población mundial de más de 7 billones de personas, tú eres ese punto.

Si piensas en ese punto como cada acontecimiento en su vida, ¿qué tan relevante es ese acontecimiento para toda la vida? La gente dice que las únicas cosas de las que no puedes escapar son la muerte y los impuestos, todo lo demás... bueno... ¡es sólo un punto! ☺

Lo que estoy tratando de decir es que nada realmente impacta en su vida de manera significativa, a menos que dejes que ese punto se convierta en toda tu vida.

B - IMAGINA

¡Imaginación! ¡Es la herramienta más poderosa que poseemos! Es gratis y nos permite ser quien queremos ser, llevarnos a donde queramos ir, tener algo que queremos tener... ¡con sólo un pensamiento!

iii) La vida es el efecto y el resultado de lo que piensas

Tú eres el creador de tu vida, con cada día, cada minuto... cada paso, cada acción, cada persona que elijas para relacionarte... tú eres el creador de tu vida... ¡eres el creador de tu propio destino!

Todo en tu vida es lo que has pedido... es exactamente lo que quieres: dónde vives, qué estudiaste, con quien andas, a donde vas a tomar té, café, beber, al cine, a bailar, ir de compras... todo lo que haces y tus experiencia es exactamente lo que quieres.

iv) ¿Qué ganancia hay para ti?... ¡Visualiza!

Es importante visualizar. Si piensas que todo lo que tienes en tu vida es exactamente lo que querías. Todo lo que tienes, pensaba tenerlo de una manera u otra. ¿Qué piensas que tienes que hacer con el fin de tener lo que quieres en el futuro? ¡Exactamente! ¡Imaginar! ¡Visualizar!

Todo lo que necesitas hacer es pensar en lo que quieres, anotarlo e imaginar que lo tienes. Pero hay que sentirlo como si fuera real, como que tienes el trabajo, que estás conduciendo ese vehículo, ganando ese campeonato, lo que sea que quieras... lo necesario para sentirse como que lo tienes ahora mismo, en este mismo momento.

El sistema límbico del cerebro no sabe si es real o no.

Para completar lo que se requiere para emitir la señal correcta a tu mente subconsciente, se recomienda que también agregues movimiento cuando imaginas y sientes.

¡Hazlo! Cierra los ojos y hazlo... ¿cómo será? ¿Te gustaría tener ese nuevo trabajo? ¿O poseer un yate por un día? Cierra los ojos, respira profundamente, e imagínate navegando en su nuevo yate en el Mediterráneo, o simplemente ayudando a otros.

C - JUGAR PARA DEFINIR

Para esto utilizo dos ejemplos que se relacionan con el modo en que solía mirar la vida, que son representativos de mis propios hábitos. Utiliza estos si te sirven o piensa en los que te representan mejor y te ayudarán a volver a definir y cambiar hacia el lado positivo.

v) Una persona "que pasaría si"

¿Eres una persona del tipo "qué pasaría si"?

Algunas personas son excelentes en la búsqueda de la razón por lo que algo no puede funcionar. Son las llamadas personas "qué pasaría si". A veces proyectan esto en otras personas, a veces sólo para sí mismos, pero lo hacen la mayor parte del tiempo.

¿Eres uno de ellos? Se trata de una "actitud" y un "hábito" que afecta todo lo que hacen y lo más probable a los que estén a su alrededor. Pero no te preocupes, esto se puede cambiar. Y si no quieres, está bien, pero se consciente y por lo menos trata de **NO** hacerlo a otras personas.

El punto aquí es que las personas felices y exitosas no son de esta manera. No piensan en lo que puede salir mal. Creen firmemente que todo va a estar bien o simplemente encuentran la solución al problema.

vi) Persona del vaso medio vacío / medio lleno... ¿por qué no está lleno?

¿Eres una persona del tipo vaso medio vacío o medio lleno? Yo solía pensar que era del segundo tipo, siempre tratando de ser feliz y jovial con la gente. La gente incluso me decía que era una persona muy positiva. Pero no fue hasta este año, que finalmente me di cuenta de que era más del primer tipo. Siempre buscaría el vaso y pensaría ¿por qué no está lleno? ¡Esto es lo mismo que verlo medio vacío!

Me gustaba estar constantemente buscando lo que faltaba, lo que estaba mal, lo que yo no tuve. **O cambiando el tamaño del vaso de modo que nunca podría llenarlo :-)**

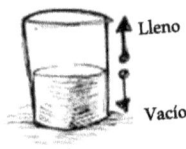

D – ENTENDER
vii) Éxitos y fracasos

"El éxito es la realización progresiva de una gran idea."
Earl Nightingale

El fracaso y el éxito... El éxito y el fracaso... van de la mano. No fue hasta este año nuevamente cuando finalmente entendí esta relación y los beneficios asociados a la misma.

Estaba escuchando una de las muchas charlas inspiradoras de otra persona de gran éxito en YouTube cuando me di cuenta de todas las habilidades que tenía. ¿Habilidades?, te preguntarás. Sí, habilidades. Fue cuando me di cuenta de todo lo que había aprendido gracias a mis experiencias anteriores, de los cuales muchos resultaron en fracasos. Pero de lo que también me pude dar cuenta fue que por cada experiencia, cada fracaso, había ganado algo – una lección, habilidad, contacto – y también había fallado en capitalizar esto, insistiendo en tratar de olvidarme del caso debido a la asociación "negativa" que le adjuntaba a dichos eventos.

Fue una noche de verano que tomé un pedazo de papel y, por primera vez hice una lista – orgullosamente – ¡de todos mis "fracasos"! Y al lado de cada uno de ellos escribí que había obtenido. Y lo mejor de todo es que en última instancia, era capaz de ver mis éxitos – mis logros – como lo que son, por lo que hice antes de verlo y no comparándome con los logros de alguien más.

Acción: si te atreves a aceptarte a ti mismo por lo que eres y estás listo y dispuesto a alabarte por lo que has logrado, escribe todos sus fracasos y éxitos, y trata de ver si puedes apreciar todo lo que eres.

*Importante: Por favor, comprende que es aceptable no querer lograrlo, pero es importante entender que no podemos esperar a ser exitosos si: a) no lo somos, b) **no** elegimos tomar medidas y hacer lo que se necesita. La clave aquí es aceptarte, pero antes de hacer eso, necesitas aprender acerca de ti mismo.*

Nota: recuerde que si estás tomando acciones y no estás consiguiendo los resultados que deseas, ¡necesitas cambiar las acciones!

LAS MISMAS ACCIONES = LOS MISMOS RESULTADOS

vii) El 80 por ciento - El poder de la constancia y persistencia
El 80% es estar presente: algunas de las personas más exitosas citan que el 80% de éxito es estar presente notar. Se puede traducir en **constancia o persistencia,** el punto es que tienes que estar ahí para hacer que las cosas sucedan.

Esto es algo que aprendí cuando ejercitaba físicamente y me di cuenta que lo había estado haciendo durante años en mi vida. ¡La constancia siempre ofrece resultados! Ir y hacer la mayor cantidad de series y repeticiones que pueda da resultados, no importa cómo me sienta, ¡ni lo que pienso!

Incluso si no tienes todo el tiempo que necesitas para prepararte, siempre serás capaz de lograr algo – no importa si es solo una acción o una sesión o reunión de seguimiento. Por lo menos, ¡estarás un poco más cerca de su meta!

Recuerda, levántate, vístete, ponte tu sonrisa... ¡y preséntate!

"La práctica hace la perfección"

Por favor, no me malinterpretes, por supuesto que he pasado por algunos días son mejores que otros. Simplemente, con cualquier cosa que hagas en la vida, un trabajo, un deporte, el ejercicio... ¡hay que practicar! Necesitas ser tan constante como sea posible, y crear y practicar los nuevos hábitos que desarrollaste por ti mismo, con base en las bases, valores, creencias, principios y la visión que te has fijado.

viii) Repite...

Es un proceso muy simple el que llevamos a cabo casi instintivamente como respirar, o cuando construimos nuestro plan diario, pero de alguna manera se da por sentado y muchas veces no se sigue correctamente, con efectos perjudiciales para nuestra salud y la manera en que manejamos nuestras emociones y a nosotros mismos. Las etapas de este proceso son muy simples y fáciles de seguir, pero a veces hacemos caso omiso de ellos o estamos subordinados de manera desequilibrada.

Estas etapas son:

1. Descansar (renacer, rejuvenecerse y relajarse)
2. Comer (cargar el combustible y alimentarnos)
3. Ejercitar (crecer, reponer y hacernos más fuerte)
4. Trabajar (pensar, sentir y crear)
5. Repetir...

Nota: más detalle en la sección 7 de salud (& ejercicio).

CAPÍTULO 3
APRENDIENDO MÁS DE TÍ

Siguiendo el tema del éxito y el fracaso, por favor, invierte 5 a 10 minutos haciendo estas autoevaluaciones para ayudarte a iniciar una comprensión de ti mismo:

Por favor, no subestimes la importancia de esta sección. Incluso si crees que te conoces, yo asumiría que estás leyendo este libro porque hay algo más que quieres entender, cambiar o mejorar acerca de ti.

¿Tienes una vida equilibrada? ¿Sabes cuáles son tus valores? ¿Tus prioridades? ¿Que es importante para ti? Y lo más importante, ¿están conectadas entre sí y con tus acciones?

PRIORIDADES   VIDA

3.1 AUTO EVALUACIÓN

La perspectiva de tu propia vida - Comprenderte y conocerte

Bueno, quiero que pienses acerca de tu situación actual a partir de hoy, y simplemente contestes la siguiente preguntas:

PARTE I
i) SITUACIÓN ACTUAL: Usa una escala del 1 a 5, donde:
1 es terrible
2 es malo
3 es ok
4 es bien
5 es increíble

Primera vez: Responde las siguientes preguntas

¿Cuán feliz eres?

1   2   3   4   5

¿Qué tan exitoso crees que eres?

1   2   3   4   5

Interesantemente, si escribes todas las cosas que te habías propuesto hacer para considerarte exitoso hace [x] años atrás. Intenta responder a las preguntas de nuevo y mira cómo te sientes al respecto.

La mayoría de nosotros nos daremos cuenta que hemos logrado lo que nos propusimos hacer inicialmente, y la mayoría hubiéramos dicho que si lográramos lo propuesto seríamos felices. ¿Pero qué pasó? Cambiamos los límites y metas y empezamos a compararnos con los demás y utilizar sus "estándares" para juzgar nuestro éxito. Ahora, ¿cómo crees que esto afecta a tu llamada "felicidad"? Lo has adivinado: no muy positivamente, afectando nuestra confianza, creencia y fe.

Segunda vez: Así que ahora, tomando esto en consideración, te pediré que respondas a las preguntas una segunda vez.

SITUACIÓN ACTUAL vs. TODA TU VIDA
Recuerda también la sección donde hablamos acerca de la situación actual vs. toda tu vida.

Tercera vez: Así que ahora, tomando esto en consideración, te pido nuevamente que respondas las preguntas por una tercera vez.

¿Cuán feliz eres?

1   2   3   4   5

¿Qué tan exitoso crees que eres?

1   2   3   4   5

¿Podrías por favor comparar tus respuestas y ver lo mucho que tu percepción ha cambiado simplemente añadiendo un poco de perspectiva?

ii) Prioridades de 1 al 10

Utiliza la siguiente lista para dar prioridad a lo que es importante en tu vida. Utilízala como un punto de partida indicativo y no dudes en añadir extras o ignorar respectivamente:

O - Vida en general
O - Salud
O - Alimentación
O - Familia
O - Relaciones
O - Amigos
O - Trabajo
O - Estrés
O - Dinero
O - Niños (si aplica)

iii) IMPULSORES

Son las fuerzas internas profundas que nos llevan a hacer lo que hacemos, nos dan forma y crean hábitos que usamos para definirnos o no.

Me gustaría usar la lista de impulsores de Anthony Robbins, para empezar esta sección. Tony dice que todo el mundo es impulsado por uno o más de los siguientes impulsores:

- Certeza o seguridad
- Variedad (incertidumbre)
- Significado
- Conexión y Amor
- Contribución
- Crecimiento

No voy a tratar de copiar sus definiciones, sino de explicar lo que entiendo y cómo lo he utilizado para entenderme a mí mismo y mi comportamiento.

Tengo que ser honesto y decir que he sabido esto por mucho tiempo, desde que empecé a escuchar CDs de Tony hace muchos años. Pero el reto que tenía entonces, es que realmente no entendía cómo la mente humana, parte de la neurociencia y las leyes básicas del universo se relacionan entre sí para apoyarse y trabajar juntas para afectar mis pensamientos, sentimientos y acciones.

Para resumir la historia, al mirar mi comportamiento y mi vida en el pasado, finalmente me he dado cuenta de que el impulsor más grande de mi vida es **"Conexión y amor"**. Siempre "quería y necesitaba" esto, y en mi caso quería realizarlo a través de las relaciones con mi pareja o mis amigos, externamente.

Ahora, la magia del aprendizaje me ha mostrado que si yo quiero sentir el amor, puedo hacer esto en un "latido" (en un segundo) – como dice Tony – simplemente pensando y sintiéndolo en mi mente. O si quiero sentir el amor, lo siento al dar amor a los demás. Si quieres sentir el amor... ¡da amor! Lo sentirás inmediatamente.

Comprenderme y las herramientas que puedo utilizar para ayudarme a cumplir lo que me motiva en la vida no tiene precio, ya que ahora puedo manejar mis sentimientos de una mejor manera.

La razón por la que comparto esto es porque quiero que mires estos impulsores y pienses cuál es el más importante para ti. Puede que tengas que jugar con ellos por un tiempo para entender qué "deseas" la mayoría de las veces.

Si puedes trabajar en lo que te impulsa, serás capaz de mirar a tus propias bases y fundamentos y donde necesitas empezar. Esto te permitirá trabajar el medio para lograrlo, así como los planes y estrategias para hacerles frente para que pueda afectar el resto de tu vida de una manera positiva.

Con todo lo anterior en mente... por favor sigue el ciclo y proceso propuesto...

En términos de pasos, como una acción inicial, las siguientes son maneras en las que puedes pensar en términos generales con el fin de alinear todos tus pensamientos:
1. Prioridades
2. Deseos
3. ¿Qué te gusta hacer?
4. Valores
5. Percepciones
6. Visión
7. Misión, propósito y significado de vida

3.2 FORMULANDO PREGUNTAS CRUCIALES
Me gustaría que ahora empieces a pensar y contestes algunas preguntas muy importantes que te ayudarán a cambiar tu vida.

Para responder a estas preguntas simplemente puedes tomar dos enfoques diferentes:

PRIMER ENFOQUE: Utiliza un trozo de papel blanco A3 si lo tienes a mano, o cualquier bloc de notas, o teléfono, y anota todo lo que viene a la mente de cada pregunta de 2 a 5 minutos... o

SEGUNDO ENFOQUE: ¡Pide a alguien que haga esto por ti! Para algunos de nosotros es difícil autoevaluarnos, en nuestra lucha por tomar control de nuestras vidas. Pero esto está bien. Un amigo puede ayudarte, ¡pero recuerda que sólo tú tienes un doctorado en ti mismo! ¡Nadie te conoce como tú!

i) ¿Qué quieres hacer?

En primer lugar, toma 2 minutos y anota todas las cosas que te gustan hacer, todas las cosas que te gustaría hacer y ¡En todo lo que te gustaría convertirte!

¿Listo? ¡VAMOS!

Ahora, toma 2 minutos para escribir todas las cosas que querías ser cuando eras más joven.

Nota: Si eres estudiante de secundaria o universidad, anota todas las cosas soñabas hacer o ser hace 3 o 5 años.

¿Listo? ¡VAMOS!

ii) ¿Quién eres? ¿Cuáles son tus valores? ¿Quién te gustaría ser o como ser visto? ¿Cuáles son tus prioridades y las partes y personas más importantes de tu vida?

Acción: usando una hoja de papel, haz una lista y trazar una línea en la mitad desde arriba hasta abajo creando con dos columnas escribe:

A la izquierda, todo lo que le gustaría ser como persona – piensa en los valores que deseas representar y tus principales prioridades del ejercicio anterior. Piensa acerca de quién quieres ser y no en quien crees que eres.

La razón por la que pido esto es porque lo que se escribe es en realidad lo que eres, y la única razón por la que no lo eres o no te comportas así es porque tu mente subconsciente toma el control, o como también lo podemos llamar ... "el chimpancé". Quizás desees leer el libro del Prof. Steve Peters "La paradoja del chimpancé" para entenderlo completamente, pero en resumen es porque tu lado emocional se hace cargo y no permite que creas y te comportes de la manera que deseas.

A la derecha, escribe lo que le gustaría tener en logros o elementos más materiales.

iii) ¿Cuál es tu visión? ¿Está conectada con tus valores? ¿Tienes una misión? ¿Cuál es tu propósito y significado de vida? Por ejemplo, para mí es ser más feliz y más influyente en mi propia vida y ayudar a tantas personas como sea posible a tener una vida mejor y hacer que sus sueños se hagan realidad.

iv) ¿Cuál es tu propósito en la vida?

¿Qué quieres lograr: en las relaciones, trabajos, económicamente, en todos los aspectos de tu vida?

Acción final: una vez que hayas respondido las preguntas – para ayudarte a visualizar y enfocar tu mente subconsciente y empezar a crear la vida de tus sueños – te recomiendo **escribir el propósito de tu vida, en base a tu visión y valores, definiendo una fecha límite y que le vas a dar a cambio a otras personas para lograr tu objetivo.**

Nota: ver también el modelo PVEPPA al final del capítulo 6.

3.3 DETERMINANDO TUS HABILIDADES Y FORTALEZAS

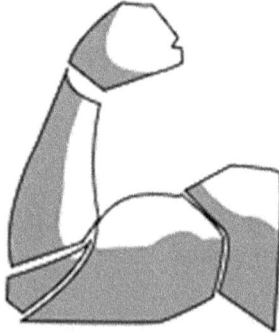

Un elemento clave para aumentar la confianza en ti mismo y poder creer es encontrar y conocer tus habilidades y fortalezas.

Sé que puedes pensar que no tienes ninguna o que las tienes todas, pero gracias a mi experiencia personal y la observación de los demás, sé que esto por lo general nos lleva hacia una visión distorsionada de la realidad. Esto puede ser para bien o para mal – o una apreciación negativa de ti debido a nuestra tendencia a compararnos con los demás – y al uso de lo que yo llamo "Reglas" de otras personas para medir tu propia vida y tus logros.

Un buen, y divertido, ejemplo que he encontrado es cuando vi un episodio del programa de televisión llamado "El Aprendiz", donde un concursante hizo una declaración con mucha confianza: "Soy muy bueno para vender y tratar con personas"... luego en la siguiente tarea, ¡nos enteramos de que el concursante no venden ni sirve de enlace con la gente en lo absoluto! Aún peor, después de haber terminado la tarea, la mayoría de las veces la persona no ha entendido sus limitaciones, sin dejar de estar en negación, y ¡culpa a otros por sus fracasos! ¿Conoces a alguien que se comporta de esta manera, tal vez una persona muy cercana?

Creo que buscar tus propias habilidades y fortalezas es muy importante, en muchas más maneras que simplemente para sentirse bien con uno mismo. Si eres como la mayoría de las personas en este mundo, donde los pensamientos negativos son la mayoría de los que aparecen en tu mente, especialmente para insultarte, llamándote (y a otros) estúpido, lento, y más. La mala noticia es que esto es sólo un **HÁBITO** que se desarrolla y practica a diario. Pero la buena noticia es que se puede cambiar. Esto no sólo te ayudará a **ENFOCARTE** en lo que es importante y positivo, sino que también te ayudará a seguir adelante y en paz contigo mismo.

Para empezar, hay una frase fantástica del programa de entrenamiento físico P90X – **"Haz tu mejor esfuerzo... olvida el resto"**.

El punto es que no entendemos que la mayoría de nosotros siempre tratamos de hacer nuestro mejor esfuerzo. Si no lo hacemos, normalmente es porque NO PODEMOS. Lo que he aprendido es que si NO PODEMOS, puede ser por: 1) Elección: que en realidad es una opción totalmente válida, y entonces tienes que aprender a aceptarla y vivir con ella y las consecuencias, o 2) ¡No sabemos una mejor manera! Aquí es donde creo que este libro puede ayudar a muchos de nosotros a aprender mejores formas de gestionarnos para alcanzar realmente NUESTRO POTENCIAL.

La mayoría de nosotros insistimos en el hecho de que no somos "Aptos" o "No tenemos éxito o trayectoria" o "no sé cómo...", pero el hecho es que este 1) no siempre importa, todos amamos algo y somos buenos en algo – la clave es aprender a dejar de intimidarnos y aprender a 2) crear una lista de todos los "éxitos y fracasos" que hemos logrado en los últimos años. Sí, los fracasos también, para aprender a apreciarnos.

Acción: divide un trozo de papel en 4 columnas; en la primera escribe tus éxitos, en la tercera escribe tus fracasos, ahora en las columnas 2 y 4, al lado de lo que ya escribiste, anota lo que hiciste mal, aprendiste o te hizo experto en cada uno de los casos. Lo que está escrito en las columnas 2 y 4 son las "lecciones" que aprendiste con cada experiencia y son las "Habilidades" que has desarrollado.

Se me ocurrió este sencillo ejercicio mientras escuchaba a John Asaraff, en YouTube, a la medianoche en un día de verano. Decía de lo que él pensaba no tenía habilidades; ¡no sabía nada sobre Finanzas, Marketing o Derecho! Y pensé, pero yo sé sobre todo eso. Él continuó diciendo cómo en un momento se dio cuenta de que era bueno para hablar con las personas, crear redes y hablar en público- Y pensé, espera, ¡yo soy bueno en eso también! Pero la cosa más tonta es que hasta esa noche, todo lo que podía pensar era en lo que yo no podía hacer, lo que no sabía, lo que me faltaba.

La conclusión a la que llegué en ese momento y en los próximos días es que si me concentro en aprender en lo que soy bueno, simplemente me sentiré mejor conmigo mismo y luego me puedo concentrar en buscar una forma de mejorar en lo que quiero desarrollar. Además, me di cuenta de que siempre se puede contratar personas que sean buenos en lo que yo no soy, porque no soy especialistas en todo y hay personas que son naturalmente mejores que yo en ciertas cosas. ¿Por qué obligarnos a ser un león, cuando somos un tigre o una cebra?

Otra forma de ver tus puntos fuertes es mirando al pasado, en todos los desafíos que has enfrentado en su vida y cómo te las arreglaste para superarlos. Piensa en eso por un momento.

SABER CON QUIEN HABLAR

Yo solía evitar hacer ciertas cosas, especialmente en las que no me sentía calificado o un experto. No fue sino hasta hace muy poco que entendí la habilidad de "saber con quién hablar".

Ya sea de contabilidad, finanzas, derecho, marketing, lo que sea en lo que creas que necesita ayuda, siempre hay un experto. Y lo mejor es que todos están dispuestos y capacitados para ayudar, y la mejor parte es que a la gente le encanta que le pidan ayuda.

Ahora, me gustaría mencionar rápidamente algunas de las principales lecciones que se aprenden en las siguientes secciones, entre ellas: atracción, abundancia, amor. Todas se unen para ayudarte a encontrar a la persona adecuada y que una parte de tu dinero que pagas por el servicio recibido, ¡te sea devuelto con intereses!

INCREMENTAR (#COMPOUNDING)

Teniendo en cuenta tus "fortalezas" y "sabiendo con quién hablar", y por supuesto las distintas secciones y lecciones incluidas en este libro, quiero compartir un muy poderoso concepto – una herramienta, que se puede hacer "hábito" – que te ayudará enormemente en el proceso de lograr cualquier cosa que te propongas hacer o ser.

Esto es lo que yo llamo "Incrementar (#Compounding)", de manera exponencial, de manera compuesta.

Hay varias maneras de explicarlo, pero en términos generales, se refiere a la costumbre consistente y continua de tomar acciones, cada día, cada semana, ¡cada año! ¡Toda tu vida!

He aprendido y derivado este concepto de dos áreas importantes de mi vida, las Finanzas y el gimnasio. Para explicarlo, hay un par de ejemplos simples que podemos utilizar:

51

Finanzas: si depositas £10 en el banco y recibes 10% cada año, obtienes £1 en el primer año, entonces al sumar tienes £11, por lo que el próximo año obtienes £1,1 y así sucesivamente todos los años.

Gimnasio: incluso si entrenas de 3 a 5 días por semana, teniendo un plan de nutrición acorde, incrementarás el músculo y / o mejorarás tu forma – ¡sin importar nada más! Por ejemplo, con el tiempo y dedicación y comiendo sano, yo he logrado aumentar aproximadamente 15kg de peso y masa muscular de manera saludable. Todo lo que se necesita es presentarte y poner manos a la obra, levantar peso, saltar – lo que sea que disfrutes – y mejorarás cada vez más, sobre la base de lo que hiciste el día anterior, la semana anterior... ¡Incrementa cada repetición! ¡Incrementa cada sesión, todos los días!

Por último, hay un ejemplo más, que me gusta mucho y que explica la sencillez de cómo incrementar (#Compounding) potencialmente. Este ejemplo es sobre viajar de una ciudad a otra. Digamos que vives en Londres y te gustaría ir a Brighton, en la costa sur. Para hacer esto puedes utilizar diversos medios. Podrías ir en helicóptero, vehículo, moto, bicicleta, etc. También, podrías caminar. Si caminas, poco a poco todos los días, vas a llegar allí algún día. Ahora, este ejemplo puede necesitar el supuesto de que te has fijado un objetivo claro, has elegido los caminos y carreteras adecuadas, y que estás comprobando tu progreso a medida que avanzas. Pero el hecho es que si das incluso un par de pasos constantemente, vas a llegar. ¡Incrementa cada paso! ¡Incrementa todo el camino!

Acción: Ahora puedes comenzar a incrementar tus puntos fuertes, incrementar las cosas que desea mejorar, o incrementar el contacto con la gente que necesitas asociarte o emplear.

Lo mismo puedes aplicar a toda vida – familia, relaciones, trabajo, proyectos, empresas, aficiones... – siempre y cuando "incrementes" va a lograr todo lo que te propongas ¡Garantizado!

Así que... empieza a "INCREMENTAR"... ¡AHORA mismo!

**Día a día... \$ a \$... repetición a repetición...
¡Paso a paso!**

Todo lo que necesitas hacer es empezar... e...

¡INCREMENTAR!

(#Compounding) ©

CAPÍTULO 4
TRABAJA DE MANERA INTELIGENTE Y SE EFECTIVO

"No SÓLO trabajes DURO... Es necesario que TRABAJES de manera INTELIGENTE y que CREAS"

Hecho de la vida: ¡Las personas de éxito se centran en lo que es importante!

Una de las cosas que todos aconsejan durante nuestras vidas es que sólo haces que si trabajas duro, las cosas se te dan.

El problema con esta frase y su concepto es que no hay ningún lado relativo a eso o un ángulo cualitativo para el trabajo que tienes que hacer.

Por lo tanto, la gente lo confunde con trabajar muchas horas, o tener la más largas de actividades que hacer en un día, que por cierto nunca logramos completar – ya que es humanamente imposible lograrlo – y luego vencernos sin trabajar lo suficiente y no lograr nada. ¿Esto te suena conocido? ☺

Aunque soy un firme creyente de la necesidad de trabajar para lograr cosas en la vida, la subestimación de que nada es fácil, e incluso si consigues tener suerte, todavía necesitas saber una manera de mantener y conservar lo que te llegó tan "fácil".

Los atajos no suelen funcionar, y la mayoría de las veces los resultados obtenidos es de corta duración.

He trabajado muy duro en la vida para lograr todo lo que soy, pero ahora me doy cuenta que parcialmente he fracasado en dos aspectos muy importantes. Uno de ellos es que dudé de mí mismo y por lo tanto no CREÍ plenamente en lo que estaba tratando lograr, lo que me llevo a renunciar a muchas de las diversas iniciativas y sueños que he tenido en mi vida. El otro aspecto en el que fallé es en comprender plenamente el concepto de trabajar INTELIGENTEMENTE. Esto no es sólo acerca de tener un conjunto de metas INTELIGENTES, sino de entender exactamente cuál es la mejor manera de dar prioridad a mis esfuerzos con el fin de llegar al resultado deseado de la manera más eficaz.

Fue a causa de mi deseo continuo de ser más eficaz, mientras que sentía que no estaba logrando los mejores resultados, que me encontré con los cuadrantes de la eficacia que se muestran en un par de libros y finalmente comprendí lo que tenía que hacer.

- ¿Aplazas las cosas que tienes o quieres hacer?
- ¿Tomas el control de tu vida o sientes que tu vida te controla?
- ¿Terminas los días en los que cumplen con tus metas con un sentido de logro? ¿O sientes que no hiciste lo suficiente, no te superaste y no estas desarrollando tu potencial al máximo?

He pasado por eso, lo he hecho, vestirme y salir a beber o regresar a casa para ver la televisión hasta pasada la medianoche también... ☺

Si tuviera que recomendar la mejor manera de dar prioridad a las tareas y acciones, diría... haz lo que es realmente importante y se conecta con tus prioridades primero, déjate llevar por tus sentimientos internos.

Ahora, si quieres entender un poco más sobre cómo se podría estructurar y cambiar la forma de hacer las cosas, a continuación comparto mi interpretación y una opinión sobre las acciones priorizando lo que puede hacer al planear tu día, tu semana, tus proyectos, y ¡tu vida!

Nota: he visto este concepto en al menos dos libros, y lo aprendí de ellos, los más conocidos son "Los 7 hábitos de la gente eficaz", de Stephen R. Covey. Recomiendo este libro, pero esta es mi interpretación y definición personal de acciones.

4.1 TIPOS DE ACCIONES
ACCIÓN 1 – Importante/NO Urgente
[TRANSFORMADOR – Decide **CUANDO**]

ACCIÓN 2 – Importante/Urgente
[OBLIGATORIO –HAZLO **AHORA**]

ACCIÓN 3 – NO Importante/Urgente
[GESTIONABLE – **DELEGA**]

ACCIÓN 4 – NO Importante/NO Urgente
[IRRELEVANTE – **LUEGO**]

En mis propias palabras, sobre la base de mis interpretaciones y experiencias, me gustaría definir estas acciones de la siguiente manera:

Acción 1: Importante y NO Urgente
Esta es la acción más importante y lo que definirá tu vida, ya que potencialmente afectará el curso que tomará en muchas más maneras de lo que crees. Sin embargo, este es el que todos tendemos a pasar por alto, dejar para el final, y la mayor parte del tiempo nunca decidimos hacer. Sorprendentemente, si no lo hacemos, terminamos haciendo lo que es importante para los demás y vivimos una vida definida por consecuencias, y la sensación de que no tenemos control sobre nuestras vidas y ¡que las cosas solo nos pasan a nosotros! Preferimos ver la televisión, ir a algún lugar, tomar una taza de té, o encontrar otra cosa

que hacer en vez de hacerlo. Da la bienvenida a nuestro amigo, ¡aplazar! (Véase Acción 4)

Paso clave: con el fin de hacer estas acciones, es necesario **asegurarse de que pones una fecha límite, asignas tiempo y lo programas.**

Acción 2: Importante y Urgente

Este es el tipo de acción que no podemos postergar, ya que tienen que ser resueltas de inmediato. Al tratar con ellas, nos aseguramos de que nuestro día no tenga consecuencias negativas a corto y largo plazo y por lo tanto no afecta la manera en que nos ocupamos de las demás acciones. Algunos ejemplos de este tipo podrían ser una llamada de un cliente para presentar una queja o un envío que no ha llegado, o un simple accidente que tenemos que limpiar.

Paso clave: tratar con ellos tan pronto y rápido como sea posible.

Acción 3: NO es Importante y SI es Urgente

En este tipo de acción gastamos una cantidad considerable de tiempo durante el día. Escuché una vez a la persona que utiliza ejemplos de G&M, Gerentes y mensajes (electrónicos). Los gerentes vienen con todo tipo de solicitudes, muchas de las cuales no son realmente urgente o podrían ser colocadas en la lista de acciones a ser tratadas después de tratar con acciones de tipo 1 y 2. Otra tendencia que muchas personas crean es la de tratar de responder y organizar todos y cada mensaje electrónico que reciben, lo que termina por consumir su día sin lograr mucho al final del mismo.

Paso clave: las recomendaciones para hacer frente a esto, es **aprender a decir ¡NO!** ¡Y aprender a **manejarlas!** Hacer que los gerentes, colegas, amigos y familia, entiendan el impacto que tendrá en su otro trabajo si tiene que dejar todo para hacer frente a sus necesidades. Si es realmente importante, entonces la acción es de tipo 2, si no, se degradará a la acción tipo 4.

Acción 4: NO importante y NO urgente

(Suspiro)... ¡La favorita de mucha gente! Y la mayoría de las veces toma la forma de "aplazo" (o morosidad) y busca cualquier actividad para hacer en lugar de lo que realmente hay que hacer.

Pero por favor no asumas que creo que son completamente innecesarias desde un punto de vista personal. Si se gestionan adecuadamente, aplazar o ser moroso es importante para ayudar a relajarse y desconectarse.

Puedes hacerlo sin ni siquiera darte cuenta. Pero hasta que te das cuenta, será difícil entender cómo organizarte para hacer y conseguir lo que realmente quieres.

Paso clave: el punto más importante aquí no es centrarse en la realización de cómo y cuándo posponer las cosas, sino más bien centrarse en mantener tu enfoque en lo que es importante y lo que hará una diferencia para ti, tu vida, y tu felicidad.

CAPÍTULO 5
LO BÁSICO

En esta sección de suma importancia, necesito que intentes leer los conceptos sin hacer un juicio inicial. Puedes regresar y juzgar lo que comparto y reír si lo **deseas.**

Pienso, siento, creo...

Estos conceptos básicos son algunos de los BLOQUES más importantes del universo y cómo funciona la vida. No tengo la intención de que creas en todo lo que digo, palabra por palabra. De hecho, no hay manera de que creas en algo que no quieres creer. Sin embargo, si eliges creer, mantén la positividad, y por lo tanto intenta nuevas experiencias en tu propia vida, te puedo asegurar que va a cambiar para siempre, al igual que la mía se transformó. Estos pilares dan la base para hacer y construir cualquier cosa que te propongas.

Comprender y aplicar constantemente estos BLOQUES, te ayudará a convertirte en el MAESTRO de tu propia MENTE y te permitirá transformar tu vida por completo. Serás cada vez más consciente y capaz de cambiar la forma de ver las cosas con una diferencia de 180 grados, y luego 360 grados para un nuevo renacer.

¡EL CAMBIO SERÁ INMENSO!

Nota: la mayoría de los fundamentos se basan en los diversos libros que he leído y las personas que he escuchado en los últimos años, y otras claves durante el último año.

También vale la pena destacar que era una persona casi obsesionada con la "perfección", tanto así que solía decir "yo estudio y practico alto rendimiento ".

Entonces un día me di cuenta de que somos en realidad ¡PERFECTOS! Y fue entonces que me di cuenta que para empezar tienes que entender esto para alcanzar la cima. Pero para ser capaz de hacerlo, hay algunos conceptos muy BÁSICOS que deben ser aprendidos y comprendidos.

Me gustaría empezar con algunos conceptos que considero clave y te ayudarán tanto como a mí:
1. Creencias Limitantes
2. Hábitos
3. Tiempo

5.1 CREENCIAS LIMITANTES
"No importa si piensas que puedes o que no puedes—Estás en lo correcto."

Henry Ford

Este es el único punto que explica por qué nos planteamos hacer menos de lo que podemos, lograr menos de lo que soñamos, y conformarnos con menos de lo que pensamos que nos merecemos. Tenemos la "creencias limitantes" que se han transmitido a nosotros y a nuestro cerebro.

Dependiendo de la educación, padres y personas con las que nos hemos relacionadas durante los años – entre muchas otras cosas, estas creencias han sido adquiridas y acumuladas, dando forma a nuestra manera de actuar y a las cosas que has establecido hacer y ser.

¿Cuántas veces hemos oído decir: "No puedes hacer eso, no puedes practicar tal deporte, no puedes cantar, no puedes bailar, no puedes actuar, etc."?

Aprendemos a aceptar desde una edad temprana, que hay limitaciones a lo que podemos hacer y ser. La gente por lo general aprende y utiliza todo tipo de razones (excusas) para racionalizar y justificar por qué no es posible, ya sea entorno, origen étnico, ubicación, dinero, etc.

Estoy seguro de que alguna vez has soñado y creído que podrías hacer algo en la vida, y poco a poco, empezaste a hacerlo a un lado centrándote que no lo podías hacer.

La buena noticia es... ¡que no necesitas mantener estas creencias limitantes! ¡Ni siquiera necesitas cambiarlas! Todo lo que necesitas hacer es empezar de nuevo, y pensar en todas las cosas que te gustaría hacer.

Asegúrate de utilizar las FACULTADES SUPERIORES DE TU CEREBRO ¡para crear todo lo que quieras!

Sugerencia: cada vez que oigas la voz en tu cabeza que te dice que no puede hacer algo, sólo céntrate en lo que quieres hacer... ¡y cree!

Mente consciente vs. Mente subconsciente... y cuerpo

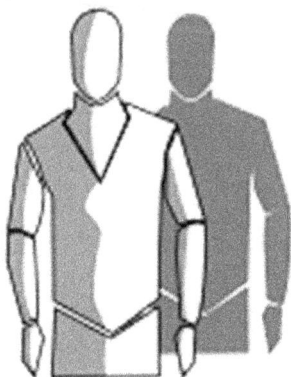

Es muy importante ser capaz de distinguir entre la mente consciente y subconsciente, ya que será de ayuda para administrar y elegir la forma de actuar y reaccionar a las situaciones y la vida en general.

La mente consciente es nuestro pensamiento, mente educada, que podemos usar para aceptar o rechazar lo que pensamos y hacemos.

La mente subconsciente es nuestra mente emocional. No hay otra opción y tenemos que aceptar y no podemos rechazar la situación o diferenciar entre las realidades.

- La mente subconsciente te dice QUIEN eres.
- La mente consciente te dice lo QUE sabes.
- Oyes con tus oídos.
- Escuchas con tus emociones.

5.2 HÁBITOS

La repetición es el maestro de la habilidad, pero si sigues haciendo lo mismo y no funciona... seguirás obteniendo los mismos resultados.

Un hábito es una idea fija en tu mente subconsciente. Un hábito es la representación exterior y final de lo que realmente somos.

"Cualquier idea que tengas en mente que sea o bien temida o venerada comenzará de una vez a vestirse en las formas físicas disponibles más convenientes y apropiadas."
Andrew Carnegie

Con el fin de cambiar, es necesario seguir un sistema, en el que tomas una decisión → te das un comando → cambias tus hábitos → y consistentemente los aplicas para cambiar los resultados.

El paradigma que enfrentamos como seres humanos pensantes es el hecho de que continuamente "batallamos" entre las decisiones y acciones que

hacemos con nuestra mente consciente y lo que pensamos con nuestra mente subconsciente. La clave para manejarte y sobre todo manejar cualquier comportamiento que no es útil para los fines de la vida es la mente subconsciente.

Al comprender algunos conceptos clave y reglas sobre como la vida, el cerebro y el universo trabajan, somos capaces de empezar con un "reajuste" o de "re-programar" nuestra mente subconsciente a fin de que se conecte con nuestra mente consciente de manera más directa.

5.3 LA DEFINICIÓN DEL TIEMPO

¿Qué tan largo es un pedazo de cuerda? No hay necesidad de responder, ya que no hay respuesta.

Lo mismo ocurre con el tiempo: ¿qué es el tiempo? Una vez más, no hay necesidad de responder, ya que no hay respuesta.

El tiempo no existe. No puedes verlo. No puedes retenerlo.

Lo que estoy tratando de decirte es que todo lo que te debe concernir en la vida es este mismo momento. Lo que pasó ayer es el pasado, y no hay nada que puedas hacer para cambiarlo. Lo qué sucederá mañana aún no ha ocurrido, pero puedes ser capaz de influirlo, pero sólo con las acciones que tomes en este mismo momento.

Eckhart Tolle habla de esto en su libro **"El Poder del Ahora"**, donde habla de "Tiempo de Mente & Tiempo de Reloj". En resumen, el pasado y el futuro están sólo en tu mente – **Tiempo de Mente** – mientras que él ahora es el

único momento en que puedes influir directamente –
Tiempo de Reloj.

Necesitas enfocarte en el momento, y vivir el momento, ya que sólo puedes influir en tus pensamientos y acciones a medida que ocurren y vienen a su mente.

La Importancia del Ahora – Esto es algo más que un concepto: Cada día céntrate en el momento, el "ahora"; en lo que puedes controlar. Centrarse en el pasado o el futuro no traerá ningún beneficio inmediato o resultado a tu vida. Hay muchas frases que encontrarás en los libros e Internet, pero en resumen, necesitamos el pasado para aprender a formarlo, el futuro para apuntar y buscar – soñar, emocionarse, visualizar, sentir – el presente, el momento, el ahora, para actuar y hacer una diferencia.

Hay mucho que escribir sobre esta regla y principio de la vida, pero en realidad hay un libro que entra en detalles. Si deseas profundizar este concepto, te recomiendo leer o escuchar "El Poder del Ahora" de Eckhart Tolle.

CAPÍTULO 6
LEYES UNIVERSALES

Tenemos un poder infinito. Las leyes naturales del universo han ayudado a dar forma al mundo en que vivimos hoy. Las personas que han alcanzado los logros más increíbles en el mundo utilizan estas normas de forma natural.

¡Por fin he aprendido estas reglas! ¡Y quiero compartirlas contigo!

Lo irónico es que en realidad no necesitas aprenderlas porque ya las conoces. Sólo necesitas concientizarte sobre ellas.

6.1 LAS LEYES ESENCIALES

Yo diría que hay 3 leyes esenciales en las que puedes centrarte para ayudarte a alcanzar tus sueños y una vida exitosa/satisfactoria según tu definición. Estos son amor, atracción y abundancia, que están todas relacionadas entre sí.

AMOR

El amor es la fuerza y energía más poderosa que hay en este mundo y el universo.

Pero tienes que empezar por AMARTE... si no te amas, será más difícil (y algunas veces casi imposible) amar a alguien más.

Es por esto que es tan importante cuidar de ti mismo y tus necesidades en primer lugar, con el fin de sentirte bien y luego ser capaz de cuidar de los demás.

Muchas personas tratan de vivir sus vidas amando a los demás en un intento de sentir amor y ser amados. El problema con este enfoque es que los pilares y bases están fuera de nuestro corazón y órganos. Imagínate cómo serías capaz de construir una casa si las bases están en una parcela distinta. Piensa en esto.

Es fácil confundirse y pensar que estamos respaldando el egoísmo cuando estamos en realidad, refiriéndonos a la apreciación. Entender lo que es especial acerca de ti, todas las grandes cualidades que tienes y creer y aplicarlo a través de tu comportamiento y la manera de tratar a los demás.

Hay un libro de Louise L. Hay llamado "Tu Puedes Sanarte A Ti Mismo". Ella pregunta en uno de los capítulos que recuerdes como eras cuando eras un niño. Tratarías a un niño con amor y cuidado, ¿cierto? O si fueras un niño, ¿cómo te gustaría ser tratado? Bueno, puedes hacer eso en este momento y en adelante. ¡Nunca llamarías a un niño estúpido! ¿Lo harías? ¡Sería desagradable! ¡Apodarlo con esos nombres! Decirles que no sirven para nada y desanimarlos en sus intentos de hacer o lograr algo. ¿Lo harías? Entonces, ¿por qué te hiciste eso a ti mismo? Algo para pensar... ¿cierto?

Ámate a ti mismo... ¡como si fueras a ese niño!

Amor: ¿Cuántas veces escuchamos la frase, "TU no sabes qué es el amor"?

Un amiga mío me la dijo un día en una llamada telefónica, el mismo amiga que me recomendó el libro. ¿Y sabes qué? No me gustó, pero como estaba pasando por mi proceso de cambio de vida, le di el beneficio de la duda. Y fue cuando un día finalmente me di cuenta de como me estaba tratando, cómo me estaba hablando, y no a los otros, que entendí que no me amaba. Comprendí que realmente no sabía cómo amar.

Te reto a escucharte y mirar la manera en la que te tratas a ti mismo y a los demás, y preguntarte: "¿Yo sé qué es el amor?" ☺

Ahora, una vez que eres capaz de amarte, que de hecho es muy difícil para muchos de nosotros, puedes comenzar a centrarte en dar amor. Y mientras comienzas a dar, recibirás de inmediato el amor, lo sentirás y recibirás de los demás. Esto es resultado de la **ley de la atracción**.

LEY DE LA ATRACCIÓN
Lo que sea que pienses... ¡tienes razón y estas en lo cierto!

Lo que piensas, lo atraes. El cerebro no distingue entre la realidad y la imaginación. Lo que sea que pienses y te centres va a tu cerebro, y con esto nacen los sentimientos.

Tus pensamientos entonces emitirán una frecuencia energética que es recogida por los mismos pensamientos en la vida real: familia, esposa, hijos, trabajo, amigos, casa, vehículo y así sucesivamente.

Tú atraes todo en tu vida y lo haces a través de lo que piensas, tan simple como eso.

Esta es la regla más básica que rige nuestras vidas. Asegúrate de entenderla, porque con esta regla serás capaz de transformar tu vida por completo.

La ropa que llevas, la gente con la que te reúnes, el lugar donde vives, lo que estás estudiando, tus puestos de trabajo, actuales y anteriores, tus relaciones actuales y anteriores... han sido atraídos con el poder de tus pensamientos.

El mejor ejemplo gráfico simple que podemos utilizar para representar a la ley de la atracción es el que se utiliza en el libro "El Secreto". Imagina que eres como una torre de compañía de televisión, enviando señales a cada canal (pensamiento y deseo). Esta señal es captada por las televisiones en exactamente el mismo canal.

Entonces...

Vive tu Vida al Máximo: Uno de los regalos más importantes que hemos recibido es la "vida". Una de las preguntas que la gente se hace cada día es, ¿cómo puedo vivir la vida al máximo? O en especial en su lecho de muerte, la mayoría de la gente se pregunta... ¿He vivido una vida plena, al máximo?

Una de las decisiones que tenemos que tomar es amar la vida, estar vivo, ¡vivir al máximo!. Y ¿cómo se hace? La respuesta es mucho más simple de lo que crees... **¡AMAR lo que haces! ¡Todo lo que haces! Y lo más importante, ¡hacer las cosas que AMAS!**

Cuando ves a los niños, sin preocupaciones y responsabilidades, despertándose cada mañana viviendo el momento, lo que están haciendo ahora, tratando de jugar todo el tiempo, utilizando su imaginación...

¿Recuerdas cómo te sentías cuando eras un niño? Bueno, trata de hacer lo mismo ahora. Despierta cada mañana como si vas a jugar, o como si te vas de vacaciones o a un viaje que querías ir durante todo el año.

La forma en que vives la vida cada día, cada momento, definirá como es tu día y lo más importante, definirá a donde va tu vida – tu mañana, tu futuro, tus metas y sueños – y atraerás más de eso...

Sé Agradecido: La gratitud es lo que yo llamaría el **"antídoto"** a todos los malos sentimientos. Si piensas en las cosas que estás agradecido, y sigues centrándote en ellas, todos los malos sentimientos simplemente desaparecerán. Esto es porque no puedes tener malos sentimientos, si estás pensando en los buenos sentimientos.

Piensa en algo en tu vida de lo que estás agradecido. Puedes simplemente comenzar con tu cuerpo, la máquina más increíble que existe en este mundo. ¡Es único y es todo tuyo!
Puedes estar agradecido por tu salud, y por todo y nada que tenga que ver contigo.

Puedes estar agradecido por otras personas en tu vida, padres, hermanos, hijos, si tienes.

Puedes estar agradecido por tus amigos, colegas o simplemente por las personas que te encuentras y son agradables contigo, como meseros, asistentes de tiendas, ¡todos!

Puedes estar agradecidos por el pasado, el presente y el futuro. ¡Sí, el futuro! Piense en las cosas que quieres en el futuro y ¡agradece ahora! ¡Como si ya lo tuvieras! Y... lo has adivinado... ¡atraerás más de eso!

Acción: la mejor manera de empezar y terminar tu día es ser agradecido. Las personas más felices y exitosas tienden a tener un hábito de pensar en lo que están agradecidos tan pronto como abren los ojos y se levantan de la cama. También llevan a cabo un ejercicio similar cuando van a la cama. Al mismo tiempo, su objetivo es ser conscientes y estar agradecidos de sus experiencias a lo largo del día, el ser agradecido por todo lo que está bien y la bondad de las personas que los rodean.

"Doy Gracias por..."

Apreciar y aceptar: No importa lo que decidas hacer o ser en la vida, la clave es apreciar y aceptar lo que eres y lo que tienes.

El punto clave en esto, junto con la gratitud, es darse cuenta de que cuanto más se toma la "**propiedad**" y "**responsabilidad**", tomas más el control de tu vida, y mientras más te centres en apreciar tu vida y te sentirás más positivo, serás más capaz de hacer lo correcto y pensar con el fin de realizar los cambios que se necesitan para lograr lo que deseas o buscas cambiar.

Sólo recuerda que hasta ahora has hecho lo mejor que has podido, y si es así, es lo máximo que podrías haber hecho hasta la fecha. Así que ¿por qué ser duro contigo?

No hay necesidad de pensar en el pasado, lo que no has hecho, lo que no eres, lo que no tienes, porque todos estos pensamientos solo te derrumbarán.

Por último, es tu decisión de hacer lo que haces, de estar en la situación en la que te encuentres. Puedes cambiarlo, con visión, un plan, y acciones coherentes.

Así que mientras tanto, aprecia lo que tienes y lo que eres, y acepta cada situación y cada momento de tu vida, cambiando según sea necesario si deseas cambiar la forma de sentir.

Enfócate – "Recuerda de ENFOCARTE": Mantener un enfoque consistente y construir tu propio conjunto de hábitos y objetivos es lo que te hará y mantendrá feliz y exitoso en todo lo que quieres hacer y ser en la vida.

Tus pensamientos hacia las cosas que te hacen feliz: las personas, sueños, acciones y objetos que te emocionan, están todos dentro de un marco que te ayuda a seguir adelante.

Si hay una acción que puedes tomar cada día, durante todo el día, para ser capaz de cambiar tu enfoque hacia lo que te hace sentir bien... ¡Hazlo! ¡Tú puedes hacer este cambio!

Acción: cada vez que estés pensando en algo negativo, en ese mismo momento, ¡piensa exactamente lo contrario! Esto te dará la oportunidad de entrar en tus pensamientos y te permitirá encontrar, recordar y volver a centrarte en tus valores, prioridades y metas.

LEY DE LA ABUNDANCIA
- Recursos Infinitos
- Karma y Mazal

La mayoría de la gente piensa que los recursos son ESCASOS... algunas de las declaraciones más frecuentes que escucharás de las personas y muchas veces de ti son... No tengo el tiempo, no tengo el dinero, no tengo la energía...

Esta es una consecuencia de centrar tu vida en "La Ley de la Escasez". Un mundo donde nada es suficiente para nadie.

Sin embargo, en la realidad, **¡los recursos son abundantes!** E **¡infinitos!** Hay suficiente de todo para todos en este mundo.

Y permíteme poner un pensamiento en tu mente... si no tienes algo, por lo general es porque tienes algo más en su lugar. Y sigue la regla antes mencionada - atracción y enfoque – eres lo que te enfocas y atraes lo que te enfocas.

He utilizado esta ley para cambiar mi enfoque de tiempo, dinero y relaciones entre otras partes de mi vida.

Hasta no hace mucho, **yo creía que era pobre**. No importa la cantidad de dinero que tenía, siempre pensaba que era pobre. Me gustaba centrarme en la vida de problemas, que no podía permitirme nada y que nunca sería capaz de pagar lo que realmente quería.

Y no sólo esto, me gustaba decírselo a la gente. Me quejaba por el dinero, como una víctima de mis circunstancias. Incluso usaba la palabra "quebrado" en mis conversaciones más veces de lo que se pueda imaginar.

Fue entonces que logré entender que estar en quiebra y ser pobre no era lo mismo. Ser pobre es de hecho un estado de ánimo. Si crees que eres pobre, no importa lo mucho que tengas, siempre te sentirás mal. Por otra parte, estar en quiebra es sólo una condición, una situación temporal que se puede solucionar mediante la adopción de medidas.

Recuerda que soy de Argentina, un latino de corazón y personalidad – de muchas más maneras de las que me hubiera gustado algunas veces – y gracias a esto recientemente llegué a conocer a un nuevo grupo de personas de América del Sur. Gente que como yo llegaron con casi nada al Reino Unido...

Gracias a esto he aprendido mucho de una mejor vida que podrías tener con mucho "menos". Una vez más, todo es relativo, dependiendo de cómo quieres ver y vivir tu vida.

La experiencia me hizo dar cuenta, y también complementada con mis estudios, de que todo está bien y todo siempre se resolverá, y se encontrará un camino hacia una solución.

La otra parte inteligente y relevante acerca de la abundancia es que te ayuda a ser un dador, como cuando tienes recursos infinitos y todo lo que quieres y necesitas. Lo interesante de esto es que cuanto más das, más recibes y más te llega. Puede que no sea del mismo lugar, pero vendrá de nuevo y con intereses. Una nota sobre esto es que tienes que recordar que lo contrario se producirá si se actúa en base a la ley de la escasez. Esto es a lo que muchos se refieren como Karma, o como mi nuevo amigo Laurence me dijo durante la cena una noche, ¡Mazal!

6.2 EXTRAS - CONCEPTOS & CREENCIAS LIMITANTES MAS COMUNES

Los siguientes conceptos y ejemplos de creencias limitantes mas comunes son algunos que he observado en mí mismo en primer lugar, pero también en muchas personas que he conocido, así como a través de mis estudios. Mediante la revisión de estos, apoyarás tu proceso de cambio, siempre que seas capaz de observar algunos de ellos en ti y en los demás.

Para empezar, me gustaría que tomes un minuto para pensar en esto:

ACTITUD DE JUEGO & MENTALIDAD DE VACACIONES
Me gustaría proponerte volver a pensar en tu vida con lo que yo llamo una "**actitud de juego**". Sólo trata de observar a los niños, que en circunstancias normales viven una vida sin preocupaciones ni responsabilidades. Lo único que hacen es "jugar" y disfrutar de cada día momento a momento. O puedes tratar de recordar cuando eras niño y, por ejemplo, lo emocionado que estabas la noche anterior y el día en que saldrías de vacaciones. #ActitudDeVacaciones

Ahora te reto a asumir esta actitud y mentalidad todos los días al ir a la cama, despertarte y durante el día. Ir al café en el local italiano, toma 15 minutos, siéntate y

ve la gente pasar... visita un lugar al que nunca has ido... ¡haz lo que harías en un día de vacaciones!

CREENCIAS COMUNES LIMITANTES

Estos son algunos ejemplos de que, si las tienes, podrás entender y cambiar, y no te detendrás más nunca más para hacer lo que quieres.

i) Miedo - Instintos vs. La auto-duda: Lo que te paraliza e impide actuar. El miedo es lo que nos detiene justo un par de segundos o días después de que nos atrevemos a soñar y nos emocionamos.

El miedo normalmente te impide tomar medidas: miedo al ridículo, a la soledad, a lo que la gente dice y piensa de ti.

El Dr. John Demartini, por ejemplo, habla de seis temores principales que enfrentamos: edad, pérdida del amor, pobreza, enfermedad, crítica, y muerte.

Comprender tus temores puede ser útil, pero cuando te enfocas en lo que es realmente importante y utilizas las leyes del universo, sólo tienes que centrarte en lo opuesto a tus miedos, en lo que realmente quieres.

Dicho esto, creo que es importante diferenciar entre el miedo que viene de sus instintos y la duda de si mismo.

El temor que sentimos como consecuencia de nuestros **instintos** es una reacción automática de supervivencia que experimentamos cuando estamos o presumimos estar en peligro. Los médicos e investigadores insisten en que debemos confiar en el instinto y aplicar las reglas LVP (FFF en inglés) - **Lucha, Vuela, o Paralízate** – según la situación.

Por otro lado, la auto-duda es infundada; generalmente no tiene lógica. El factor más importante para refutar cualquier lógica o fundamento y que viene con el desmerecimiento de seguir adelante es... que eres capaz de cualquier cosa que tu cerebro quiera hacer. De hecho, si recuerdas acerca de **visualizar,** que estudiamos por separado, recordarás que 1) el cerebro no distingue entre lo que es real y no, y 2) lo que visualizas normalmente ya existe en forma material, o simplemente ha sucedido por haber sido creado en tu mente y por lo tanto, se hizo posible su existencia en un mundo paralelo - como los inventores hacen con todos sus inventos.

Algo que añadir a la auto-duda es el "**miedo irracional**", que es cuando el lado animal en nuestro cerebro, simplemente se hace cargo y crea una **situación catastrófica** – el peor de los casos – con el fin de no resultar heridos o sentir dolor. Esto se basa principalmente en las experiencias pasadas o en imágenes y situaciones que hemos visto en el mundo exterior. Por favor, se muy consciente de los pensamientos dudosos, ya que para muchos de nosotros es la causa de algunas de nuestras peores decisiones, la toma de acciones erráticas drásticas y daño a la gente que amamos y a nosotros mismos en el proceso.

Sugerencia y acción clave:
1) Trata de diferenciar los diferentes tipos de miedos que estás experimentando sea por instinto o duda.
2) Decide entre LVP o trabajar en tus visualizaciones para poder calmarte y volver a la realidad.
3) Se consciente y cauteloso. Concéntrate en tus acciones para crear una consecuencia positiva en función de tus fortalezas.

ii) Prejuicio: Va de la mano con la generación de temores y dudas, pero no de ti, sino de los demás. Y por la ley de atracción, recibirás exactamente lo que sientes y piensas de los demás, ya que todo vuelve a ti.

El prejuicio es un juicio preconcebido, o creado o una opinión, generalmente negativa, sin conocimiento de hechos o toda la información sobre un tema, persona, o grupo o hechos. Se materializa a través de la sospecha irracional o el odio de un determinado grupo, raza o religión.

Acción: simplemente acepta a las personas por lo que son; no esperes que las cosas sean solamente como piensas que se supone que son. **¡Da amor a otros!** ¡Da amor a todos! ¡Y volverá con interés! Recuerda, todos hacemos nuestro mayor esfuerzo, dentro de nuestras cualidades y limitaciones.

iii) Apego & autoestima: En el nuevo mundo, empezando por el lado occidental, nos encontramos con que las personas se unen a las cosas externas, ya sea material o lo que representa ese "algo". La materialidad podría relacionarse con riqueza, acumulación de dinero, o simplemente cosas – casas, vehículos, ropa, relojes, comida, salir, viajar – así como con personas – familia, padres, parejas, hijos, amigos. Al mismo tiempo, todos tenemos nuestras propias jerarquías de donde todas estas cosas materiales están en nuestra "escala" impuesta, en relación con las diversas calificaciones y significado que añadimos a esto y lo que este objeto dice a la gente de nosotros.

La falacia de este enfoque es que nuestro valor o autoestima está ligada a estos accesorios, y por lo tanto está fuera de nosotros, y en muchos sentidos – especialmente cuando se relacionan con las personas – que no podemos controlar. Esta es una prerrogativa muy especial que en realidad regalamos. De hecho, podemos viajar a nuestro interior y aprender de nosotros mismos, de nuestro valor intrínseco y apreciar y valorarnos por lo que somos y cómo actuamos como persona, que inminente traerá todo y más de lo que puede tener un "objeto" externo.

No hay mejor ejemplo que el del billonario Warren Buffet: viendo un documental de la BBC sobre él hace un tiempo, me encontré con el hombre más rico del mundo, un hombre que ha vivido en la misma casa desde hace más de 20 años y no tiene más cosas materiales a la mano – vehículos, oficinas, etc. - que cualquier otra persona normal de clase media en los Estados Unidos. Incluso me enteré por primera vez, que aunque estaba casado con su esposa, en realidad abandonó el domicilio conyugal después de 20 años de matrimonio para trasladarse a San Francisco, pero el giro de la historia es que nunca se divorciaron y él comenzó a vivir con una de sus amigas: 5 años después de que ella se mudó y solo se casó con ella sólo después de que su esposa murió.

Yo no endorso nada que este caballero hizo o hace, pero lo me impactó fue que es una persona que se dedicó a acumular tanta riqueza, mientras que sólo trataba de vivir de acuerdo a sus valores y dentro de sus propios medios y riquezas. También quería mencionar que en su muerte no está planeando en dejar herencia a sus hijos sino que donará una gran parte de su fortuna a la Fundación Bill Gates. Pensé que en realidad es un modelo a seguir de muchas maneras, pero voy a dejar que saques tus propias conclusiones.

iv) Las piedras que acarreamos en la vida: si trato de resumir este punto, y seguir al punto de "apego", las "piedras que acarreamos con nosotros" son los recuerdos y personas que elegimos tener en nuestras vidas, por el temor de perder o no ser capaz de encontrar y sentir lo mismo nuevamente. Bueno, nunca encontrarás lo mismo, esa es la belleza de la singularidad. Pero es posible que encuentres algo tan especial pero nuevo y diferente.

ACCIONES

Pasar a la acción es la actividad que hace toda la diferencia en nuestras vidas, empezando con tus pensamientos y con la gestión de tu modo de pensar, siguiendo con las actividades y la acción real adoptadas para hacer constantemente una diferencia en tu vida.

La acción en sí tiene más impacto cuando se organiza en forma de plan, con tareas específicas y detalladas organizadas en una línea de tiempo, con dependencias y relaciones entre sí.

Acción: si eres capaz de aceptar tu situación, entender qué es lo que deseas cambiar, entender qué es lo que necesitas hacer, organízate, y ¡toma acciones! ¡Nada puede impedir el éxito, porque ya lo estás teniendo!

TIMONES, TORMENTAS, y ANCLAS

Quiero usar la analogía de los barcos de vela y anclas para explicar el concepto de "dejar ir" y "estabilizar" tu situación actual.

Hace un par de años tomé un curso de navegación y participé hice algunas regatas en el Solent, en Inglaterra. Mientras estaba tomando el curso, durante la práctica en el mar, realicé analogías entre algunas situaciones durante la clase y nuestra vida cotidiana.

La lección que recuerdo era clave para la comprensión de los problemas o situaciones complicadas mientras estábamos practicando soltar el timón, el yate comienza a girar en torno frente al viento y no pasa nada.

Aparentemente, esto es particularmente útil mientras se enfrenta una TORMENTA, ya que nada va a pasar y el yate es muy poco probable que se voltee, siempre y cuando bajes la vela y NO trates de controlarlo.

Esto me hizo pensar cuando nos encontramos en una situación en la vida, donde no sabemos qué hacer, como una tormenta, lo único que tenemos que hacer es SOLTAR EL TIMÓN... y esperar que pase la tormenta.

Sé que suena bastante simplista y no podemos extender este ejemplo para todas las situaciones de la vida – especialmente una emergencia – pero si piensas acerca de las otras situaciones que has enfrentado en la vida, incluso las que pensabas que eran importantes, todo siempre se cumplió al final.

Y como estamos en analogías marítimas, pensé que sería bueno hablar de algo que utilizo mucho en el día a día, ya que esto es lo que yo llamo mis ANCLAS. Como un barco, las uso para estabilizarme o buscar imágenes que me recuerden la razón por la que estoy haciendo lo que estoy haciendo, son recordatorios que pongo alrededor de mi casa o incluso como mi protector de pantalla en mi iPhone, que me impulsan a seguir enfocado. Estos podrían ser, por ejemplo, la imagen de mis hijas o simplemente la vista de mi casa. También las uso en un par de "tableros de visión" que he creado.

Acción: Recomiendo enormemente hacer esto todos los días y durante el día, para seguir recordando de que se trata todo, y como "ayuda" para que todos aquellos sentimientos que se sienten en el subconsciente apunten a lo que deseas.

FAMILIA, AMIGOS, Y GRUPOS DE APOYO

Hay otra parte fundamental de la vida que muchas personas, especialmente aquellos que luchan con sus sentimientos, tienden a olvidar, poner a un lado, o conscientemente ignorar. Se trata de la **necesidad de compartir, debatir, discutir y conectarse con otros. La necesidad de familiares, amigos, grupos, pandillas, comités, lo que creas que es el tipo de personas y**

grupos que consideras que necesitas relacionarte respecto a tus valores, lo que quieres hacer, quién quieres ser.

Lo que he recordado y apreciado es la importancia de trabajar en conjunto si las personas con las que nos relacionamos están realmente en línea con los que somos y, lo más importante, la persona que queremos ser. Si decidimos que un amigo o incluso un miembro de la familia no es constructivo para nosotros, podemos hacer un esfuerzo para manejar la relación con el fin de comprender los desafíos que presentan para nosotros y encontrar la manera de centrarse en aquellos que más apoyan nuestro objetivo final.

Estas personas actúan de hecho como una red de apoyo. Nos ayudan a dar nuestro mejor esfuerzo, ya que nos instan a que podemos compartir lo que pensamos, sentimos, logramos, y más.

Recientemente me he dado cuenta de cuántos amigos tengo actualmente y me he apoyado en ellos a través de mis períodos más difíciles. Durante este proceso también hice nuevos amigos, ya que he entendido su importancia y me abrí a gente nueva y compartí mi situación de vida. Dependiendo de la etapa en la que estaba, me di cuenta que la gente escucha con bondad y se identificaba conmigo, que es lo que me dio la oportunidad de corresponder. Lo que siguió fueron dos (o más) personas que comparten historias de vida, experiencias y pensamientos, que se relacionan entre sí y en el crecimiento como individuos y como amigos o relaciones.

Algunos puntos muy concretos que sé que tengo que seguir con el fin de aprovechar al máximo la oportunidad, que no usé en el pasado, son:

Capas: las personas, como tú, tienen lo que llamo "capas" – como la cebolla - y es para que utilices tu conocimiento de aprender que capas se pueden compartir. No es necesario que le caigamos bien a todos o conectarse con todas las personas en todos los niveles. Así que escucha, habla, evalúa y entiende.

Invertir tiempo: con el fin de desarrollar cualquier relación, es necesario invertir tiempo. Al igual que con las flores y plantas, es necesario regar las relaciones, y darles espacio para absorber y crecer a su propio ritmo.

Aceptar: es primordial que aceptes a las personas por lo que son, cómo piensan y se comportan. Trata de aprender lo que puedas de la gente y aceptar las diferencias. En el momento en que empezamos a juzgar a la gente, lo que es de hecho el uso de nuestros valores para evaluar su comportamiento, generalmente sólo dos cosas suceden: decepción y rechazo.

Ciclos y fases: a medida que crecemos y cambiamos con el tiempo y las experiencias, tendemos a necesitar gente nueva en nuestra vida, para continuar a través de los ciclos y etapas de la vida. Al mismo tiempo, las personas que ya conocemos siguen evolucionando y cambiando, pasando por sus propios ciclos. Lo que es importante entender, aprender y hacer a medida que avanzamos a través de este proceso, es ser capaz de pasar la cantidad adecuada de tiempo con las personas que están conectadas con nosotros, nuestros valores y objetivos. En lugar de molestarse por pasar menos tiempo con alguien, o incluso dejar de lado a esa persona, trata de entender por qué está ocurriendo, y recuerda que todo pasa por una buena razón. ¡Vive, aprende y acepta!

6.3 EL PROCESO CREATIVO

Ahora, tomando en cuenta todo lo que se ha dicho hasta ahora, me gustaría sintetizar el asombroso "proceso creativo".

También aprendí este concepto gracias a "El Secreto", y es uno que uso tanto como sea posible para hacer que las cosas me sucedan.

De hecho he tratado de simplificar el proceso para mi propio beneficio.

Piénsalo de esta manera: **"Sólo se puede tener lo que piensas y crees que mereces"**.

O piensa al revés: "No puedes recibir nada en la vida que cree que no te mereces"

El proceso creativo se resume en tres pasos: **Pregunta... Cree... Recibe #PCR**

Puedes pedir lo que quieras, cree como si ya lo tienes, y la oportunidad vendrá, y tendrás que recibirla.

Durante este proceso, y lo más importante cuando sea tiempo de recibir, es sólo con "Conciencia" que somos capaces de "aceptar" y completar el proceso creativo.

¡La **conciencia** es el componente más importante que reúne el **tridente**! Para mí, el momento en el que vemos el proceso creativo *materializado ante nuestros propios ojos*, es el momento en que necesitas **aceptar** lo que pediste.

METAS, PLANES Y ESTRATEGIAS

"Establece una meta para lograr algo que sea tan GRANDE, tan estimulante que te emocione y asuste al mismo tiempo. Debe ser un objetivo que sea tan atractivo, muy conectado con tu núcleo espiritual (visión y sueño), que no puedas sacarlo de tu mente... "

Bob Proctor

Ahora que sabes que quieres ser, lo que quieres en la vida, como persona, emocionalmente, sentimentalmente, materialmente, es necesario estructurar tus acciones de una manera que puedas seguir cada paso hasta lograr lo que te has fijado hacer.

¿Cómo se hace? ¡Sencillo!... Establece qué es exactamente lo que deseas alcanzar, establece planes (o proyectos y secuencias) - una para empezar está bien- y estrategias para acompañar nuestros planes sobre cómo ejecutar estos planes para lograr tus metas.

Si uno falla o no funciona, vuelve a escribirla y reinténtalo.

PVEPPA – PROPÓSITO, VISIÓN, ESTRATEGIA, PLAN, PASIÓN, ACCIÓN

Este es un sistema que utilizo para cumplir mis propios sueños. A partir del proceso creativo de desear, imaginar, sentir lo que se quiere, creo que necesitamos una estructura y conocimientos y acciones más específicas para alcanzarlas.

Más específicamente, este sistema se llama **PVEPPA**. Y resumo los componentes clave a continuación.

PROPÓSITO: es la razón, el "**POR QUÉ**" haces lo que haces. Es la razón por la que existes en esta vida, y es tu núcleo, que representa todo lo que eres. Para encontrarlo necesitas encontrarte a ti mismo primero, y hacer un ejercicio de prioridades y valores – capítulo 3 – lo más cercano a la comprensión de ti mismo.

VISIÓN: este es el **HORIZONTE** hacia dónde quieres ir, y donde quieres que la gente te siga. Sirve de ayuda si es lo suficientemente grande como para emocionarte a ti y a otros, pero es posible de alcanzar. Pero bueno, ¡sabemos que todo es posible! Así que asegúrate de que lo tienes claro y puedes explicarlo a los demás.

ESTRATEGIA: este es el **ENFOQUE** al que vas a usar para lograr tu visión y vivir tu propósito. Puedes comenzar en un nivel alto y bajar al nivel de detalle más bajo.

PLAN: tendrás que establecer un plan para separar todas las actividades que hay que llevar a cabo para alcanzar tu visión y vivir tu propósito.

PASIÓN: tendrás que ser un apasionado de **CORAZÓN** acerca de lo que estás haciendo. ¿Pero sabes qué? Si estás siguiendo tu propósito en la vida, la pasión vendrá a ti cada día, cada mañana... ¡y te empujará hacia ese sueño!

ACCIÓN: hay que tomar medidas, cada día, cada semana. No importa lo que hagas, simplemente toma medidas y ¡llegarás allí...! **INCREMENTANDO... ¡todo el camino!**

CAPÍTULO 7
SALUD (& EJERCICIO) Y FINANZAS
PERSONALES & INTELIGENCIA FINANCIERA

Termino el libro con estos temas, con el fin de destacar la importancia que tienen para iniciar, apoyar y mantener el éxito.

Durante la lectura de varios libros, asistencia a seminarios, y la investigación para mejorar mi propia vida y escribir este libro, me he dado cuenta de que hay dos puntos fundamentales que se tratan en la mayoría de los libros de una manera bastante mínima, o para nada: **Salud y Finanzas**

7.1 SALUD (Y EJERCICIO)

Comencemos por destacar la máquina increíble y sofisticada que es el cuerpo que tenemos – que incluye una mente poderosa. Es la más increíble pieza de equipamiento, es casi autosuficiente e incluso capaz de auto sanarse.

La cosa más divertida o difícil es que no se nos enseña a apreciar la complejidad y el don mágico que nos han dado al nacer, y la mayoría de nosotros lo subestimamos o no apreciamos.

Lo que también es increíble y por la misma razón, es que muchas veces vemos personas que hacen de todo a su cuerpo a través de un estilo de vida poco saludable, pero la máquina sigue trabajando y perseverando como un "burrito con una carga pesada".

SALUD: Es simple: ¡Sin salud no hay vida...! ¡Pon un letrero en tu frente...☺... "Cuídate"!

Este es el único factor en nuestras vidas del que no podemos prescindir. La importancia de tener una buena salud normalmente se pasa por alto y se subestima por la mayoría de nosotros, hasta el día que la perdemos nosotros mismos o alguien cercano a quien amamos.

Yo soy un Entrenador Personal y Nutricionista calificado, y había luchado para cuidarme correctamente, sobre todo porque la batalla es, por lo general, en contra de los **viejos hábitos.**

Es por esto que es clave entender lo que nos impulsa en la vida y tener un "fin" u "objetivo" lo suficientemente fuerte como para ser capaz de comprometernos (motivar) a lograr y, lo más importante, ¡Mantener! ¡Constantemente!

Si tuviera que intentar resumir las distintas partes de un día y cómo enfocarse con el fin de tener una vida sana, sería;

En una palabra: **"Equilibrado".**

Tres áreas: **Crear (Trabajo), Jugar y Descansar (Reposo / Sueño)** o,

Nueve actividades principales: **Comer, trabajar (crear), comer, hacer ejercicio, comer, trabajar, relajarse, comer y dormir...** y **REPETIR** *todo de nuevo*

Insisto en decir que ya sabes lo que estoy diciendo, así que todo lo que estoy haciendo una vez más es recordar y quizás destacar o presentar algunos enfoques que no conoces de una manera diferente.

i) Dormir: Me gustaría comenzar con el último paso mencionado en las principales actividades, lo que creo que es la madre de toda buena salud: **¡DORMIR!**

Hasta hace muy poco, no había entendido y apreciado la necesidad y los efectos de dormir. Me gustaba esforzarme al límite, luchar contra el tiempo de sueño y la asignación de la cantidad mínima posible de horas para dormir. Iría a la cama cerca de la media noche y estaría despierto a las 5am o 6am. Incluso el fin de semana, me trataba de esforzarme para ver una película más en la noche para levantarme temprano en la mañana para ir al gimnasio o jugar al golf... para hacer cosas "la mayor parte de mi día y mi vida", diría. Y para empeorar las cosas, lo vería como una pérdida de tiempo el no hacerlo.

En honor a la verdad, la obsesión se vio afectada por los años en que yo trabajaba en la Banca, Fusiones & Adquisiciones en el que, algunos días ocupados durante la semana, trabajaría de 8 o 9 am hasta las 3 o 4 am del día siguiente, o 24 horas seguidas en la oficina sin dormir en absoluto. Cuando cambié de trabajo, me dije:

"Si puedes hacerlo para otros - un trabajo y una empresa, por qué no puedes hacer lo mismo por ti?"

Lo que no pude ver fue el efecto que no descansar o dormir lo suficiente tenía sobre mí, mi cerebro, la forma en que actuaba en el día y las consecuencias de mis decisiones y en la gente que me amaba.

Además, a medida que envejeces, el tiempo de "recuperación" es más largo, y por lo tanto – como cuando estás creciendo como bebé – cuanto más creces, más descanso necesitas.

Objetivo principal: ¡trata de dormir 8 horas al día! Haz lo que sea para conseguirlo.

ii) Comer: Esta es otra área que se pasa por alto, hasta el punto de que realmente estamos dispuestos a renunciar a las comidas con el fin de producir más trabajo o simplemente ahorrar dinero.

La súper máquina que tenemos necesita energía para funcionar y se crea esta energía si comemos. Y logramos un mejor rendimiento si la energía es constante.

Así que voy a utilizar una sola palabra que mencioné anteriormente para resumir cómo tienes que pensar en tu dieta: **¡equilibrio!**

Piénsalo de esta manera, la súper máquina necesita varios ingredientes en el interior para construirte. Trataré de hacer que sea simple, así que trata de pensar en agua, vitaminas, grasas saludables, carbohidratos, proteínas cada vez que haces tus compras diarias o semanales. Puedes encontrar libros o listas en Google con ejemplos, pero en términos simplificados necesitas pensar en un trozo de carne – preferiblemente pescado y pollo, un poco de arroz integral o batatas, ensaladas, frutas, verduras, y de 3 a 5 litros de agua al día.

Consejo: para mantener tus niveles de energía constante come varias porciones pequeñas de alimentos cada 2 o 3 horas. La clave para el éxito aquí, como en todo en la vida, implica al menos un poco de planificación.

Objetivo Principal: comer al menos 5 comidas balanceadas al día.

iii) Meditar: la meditación es mucho más de lo que nos damos cuenta. Hay muchas maneras de meditar; sólo tienes que encontrar la que funcione para ti.

Te recomiendo hacer un poco de investigación, si quieres saber más sobre el tema. Puedes empezar por leer el siguiente enlace a Wikipedia:
http://es.wikipedia.org/wiki/Meditaci%C3%B3n

Personalmente, siempre he tenido dificultades para meditar solo, así que me uní a grupos, que también me ayudaron a ampliar mis horizontes. Como mi vida evolucionó, cuando me mudé a otros países y ciudades no era capaz de mantener los mismos grupos.

Finalmente me presentaron el método de "*Mindfulness*," que me ha ayudado de manera significativa, ya que básicamente puedo utilizarlo en cualquier momento y lugar. En resumen, lo que permite es no salir de tus propios pensamientos y concentrarte en el ahora a través de algo en que te puedes enfocar.

Por ejemplo: un par de activadores Mindfulness que utilicé son mi teléfono móvil, así como los árboles de la autopista, o simplemente mi respiración y órganos al hablar con la gente.

Recomiendo tomar 5 minutos al principio y al final del día. Hacer esto aun cuando sea parte de tus rutinas de gratitud y visualizaciones. Esto será, de hecho, el momento clave de tu proceso creativo, y te ayudará enormemente. ¡Te ayudará a lograr todos tus sueños!

iv) Ejercicio: pensar en el ejercicio como una forma de mantenerte e ¡incluso hacerte más joven! Y esto es un hecho, ¡real!

Si estas no son razones suficientemente buenas, piensa en todo lo que necesites visualizar para comprometerte a hacerlo de 3 a 6 veces por semana.

Se trata simplemente de otro hábito en tu vida, de otra parte de tu vida... ¡de tu vida!

El ejercicio mantiene la máquina regenerada desde una perspectiva física. Desde un punto de vista mental, está comprobado que también libera varias sustancias químicas que ayudan a sentirse mejor.

El ejercicio puede tomar todo tipo de formas; puedes hacerlo en casa (flexiones, abdominales, DVD), en la calle (caminar, correr, bicicleta), o en un gimnasio (cardio, pesas, clases).

Consejo: si puedes, trata de encontrar un compañero de entrenamiento.

Objetivo Principal: ejercítate una vez al día, de 3 a 6 veces por semana.

Nota: el ejercicio es una de las 3 cosas más importantes que debes hacer todos los días, preferiblemente antes de las 11am para conseguir un mejor resultado (y librar el camino temprano en el día ;-), inmediatamente después de la meditación y la visualización. Esto es precisamente lo que muchas de las personas más exitosas en el mundo hacen.

Te recomiendo utilizar YouTube para obtener ideas de lo que puedes hacer. Hay un mundo de ideas; sólo tienes que encontrar lo que funciona para ti.

Sólo para dar un ejemplo real, una vez me convertí en uno de los mejores jugadores de tenis que podía haber en mi club, usando YouTube para aprender técnicas.

v) Trabajar: Me gusta pensar en el trabajo con una "Actitud de juego". Esto me ha ayudado mucho para enfocarme de una manera más relajada, y en la aplicación de todas las habilidades y hábitos mencionados en este libro, lo que me ha ayudado sustancialmente cuando trabajo con otras personas.

Ahora también pienso en el trabajo como "creación", usar mi mente para generar ideas y proyectos, y desafiarme con el fin de lograr lo mejor que pueda, mientras trabajo y ayudo a otros a empujar los límites.

Si tomas en consideración las lecciones y consejos mencionados a lo largo del libro, serás capaz de encontrar tu vocación y terminar haciendo lo que realmente te gusta para ganarte la vida, y el nivel de energía e ideas que generarás será increíble.

Para aquellos que necesitan trabajar con lo que tienen actualmente, al crear un plan para convertirte en quien quieres ser, este enfoque te ayuda a **amar y disfrutar** tu trabajo actual y lograr mucho más de lo que pensaste era posible, mientras disfrutas de tu vida significativamente más.

vi) Relajación: esta palabra se suele confundir, y de hecho creemos que estamos "relajándonos", cuando en realidad estamos "aplazando".

Relajarse es importante para dar a nuestros cerebros y cuerpos un descanso de todo el pensamiento y actividades físicas que asumimos. Puede tomar la forma de una conversación o una cena con amigos, un partido de tenis, o simplemente leer un libro.

Este paso en tus actividades diarias es un descanso para ayudarte a ampliar tus horizontes o simplemente "desconectarse" de todo lo demás, o conectarse a otro nivel.

Herramienta sencilla: Línea de tiempo diario / horario de enfoque: La imagen de abajo es un ejemplo de una de mis líneas de tiempo diarios que he creado para ayudar a enfocarme en mi día. En esta se pueden encontrar algunos de los conceptos que había aprendido y aplicado con el fin de cambiar mi vida.
Versión original escrita a mano (en ingles):

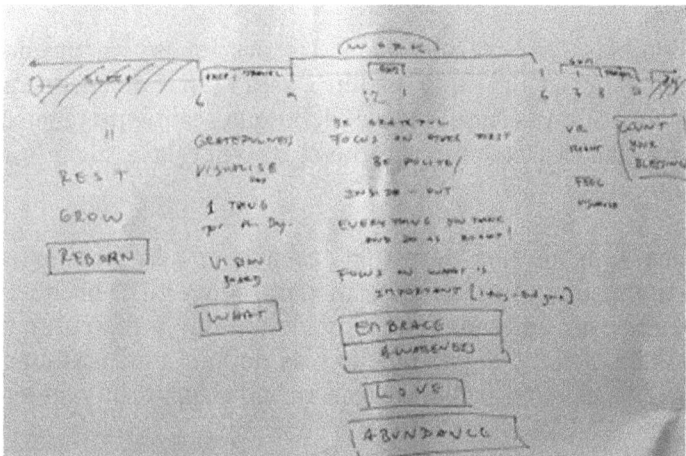

Recomiendo crear tu propia línea de tiempo, así como una guía, dirección o brújula para usarla cuando necesites recordar...

Puedes usar un calendario, o Excel, o incluso escribirlo a mano también:

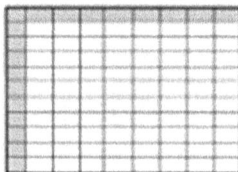

7.2 FINANZAS PERSONALES & INTELIGENCIA FINANCIERA

El concepto final que se podría pensar "debe" ser el más fácil para mí, de alguna manera se siente como el más difícil de cubrir, dada mi formación, diplomas y experiencia. Sin embargo, estas son también las "lecciones o perspectivas" más esenciales que nunca me enseñaron mis padres, o la escuela o la universidad.

Quiero terminar el libro con un concepto práctico, lo cual es importante dominar con el fin de administrar tus finanzas de una manera más eficaz. Quiero hablar de los conceptos más básicos de finanzas personales.

¿Por qué es importante aprender este concepto? Porque una vez que internalizas las diversas lecciones que he compartido en este libro, y gracias a tu nueva comprensión sobre cómo ser feliz y exitoso, serás capaz de disfrutar de tu vida aún más... si manejas tus finanzas correctamente.

Tengo un diploma en administración de empresas y economía, y una post-grado en finanzas internacionales, pero nunca me habían enseñado y explicado el concepto más básico y la "perspectiva" de las finanzas personales. Por la misma razón, además de complicarse con la inteligencia emocional, muchas personas se complican con la inteligencia financiera. No puedo negar que ambos están relacionados de muchas maneras, pero todavía se puede lograr dominar uno sin el otro de cierta manera. Sin embargo, si ni siquiera son conscientes de ellas, es prácticamente imposible.

De la misma manera que creo que los diversos conceptos cubiertos en este libro te ayudarán a mejorar tu "inteligencia emocional", los siguientes párrafos te darán una visión rápida de una posible de mejorar tu "inteligencia financiera".

Al igual que con las otras partes del libro, quiero hacer esto tan simple y resumido como sea posible, y por eso me gustaría referirme a los siguientes puntos:

Activos vs Pasivos: La primera diferencia que quiero compartir y destacar es el que creo podría ayudar a mejorar tu inteligencia financiera, e impulsar tu situación financiera, así como la de tus allegados para siempre.

Los activos y pasivos son términos del núcleo de cualquier curso de contabilidad, y en términos simples se relacionan con lo que tienes frente a lo que debes, respectivamente, lo que representa de una manera las dos caras de una moneda.

Después de muchos años de estudio y de trabajo en una industria que se centra en esos términos, encontré un libro que presenta los términos de una manera de la que nunca había oído hablar. Un enfoque práctico del mismo, lo cual creo que ayudaría a muchas personas a comprender el fin de mejorar la forma de mirar al dinero y, como consecuencia las finanzas personales.

El libro se llama "Padre Rico... Padre Pobre" de Robert Kiyosaki. Al igual que con mis otras recomendaciones, te insto a leer este libro, cuando estés listo y quieras hacer tiempo para ello.

No pretendo repetir o resumir lo que está escrito en el libro de Robert, pero me gustaría explicar con mis palabras lo que he entendido y encontré útil, en caso de que les sea útil o se relacione contigo.

Voy a comenzar con los **Pasivos**, que son cualquier **salida de tu bolsillo**, en términos simples **un gasto**, y no genera ningún ingreso o beneficio. Salir a comer, la comida, y más sorprendentemente, comprar un vehículo o incluso una casa son "pasivos".

Una casa, ¿podrás preguntarte? ¡Sí! ¡Una casa! Porque a menos que estés alquilando la casa y genera un beneficio – un diferencial positivo entre lo que se paga en hipoteca / mantenimiento y alquiler pagado – en realidad se está gastando el dinero, dinero en efectivo.

Por el otro lado – y puedes utilizar el ejemplo de la casa otra vez – Un **Activo** es un saliente que tienes que genera **ingresos** para ti, y potencialmente ganancias si se gestiona adecuadamente.

Lo que quieres tratar de lograr con tus finanzas es "gastar" tu dinero / efectivo en "Activos".

Esto nos lleva al próximo término que quiero destacar:
El flujo de efectivo: A la mayoría de las personas les resulta difícil vivir con el fin de cumplir con sus compromisos y pasan la mayoría de los días "trabajando para pagar las cuentas".

Te darás cuenta que la mayoría de la gente piensa que "si tuviera más dinero" serían más felices, o que tendrían una mejor vida. Pero la verdad es que a menos que sepas cómo manejar tu dinero, y entender tus valores e impulsores, encontrarás que estas mismas personas se esfuerzan por ser feliz y seguir gastando más de lo que ganan. Esto es lo que en términos financieros simples significa un problema de "flujo de caja", donde el dinero / efectivo que sale de tu cuenta es más alta que el dinero / efectivo que entra.

Gastar más de lo que se gana es uno de los problemas más comunes que enfrentan las personas. Esto puede ser por varias razones, algunas asociadas a eventos imprevistos (como un accidente), planificación deficiente (como no ahorrar para eventos conocidos), o simplemente un impulso por la satisfacción a corto plazo (como cosas que compramos y no necesitamos).

Incluso las personas ricas a veces enfrentan problemas de liquidez, aunque siempre tendrán la opción de vender algunos de sus activos (o pasivos) – dependiendo de su liquidez – y generar más efectivo.

Riqueza: Es la abundancia de recursos valiosos o posesiones materiales. Por favor, ¡ten en cuenta la palabra "Abundancia"! Pero por lo que he explicado anteriormente, si se piensa en los recursos y materiales o posesiones desde una perspectiva de Activos vs Pasivos, que posesiones te harán más ricos. Correcto: ¡Activos!

Liquidez: Este es el término que utilizamos para expresar la rapidez en la que puedes vender o convertir tus posesiones en dinero en efectivo. Mientras más liquido, más rápido se podrá vender. Por ejemplo, acciones y participaciones en grandes empresas públicas suele verse como una de las posesiones más líquidas (activos) que podemos tener, o cosas más simples como el oro.

Tú casa, por ejemplo, necesita más tiempo para venderse y por lo tanto es menos líquida o es ilíquida.

Cartera: Se usa a largo plazo, para referirse al conjunto de inversiones que tenemos. En general, la recomendación es tener una cartera "diversificada", con el fin de gestionar / difundir / diversificar tu riesgo. Sin embargo, a partir de lo que hemos aprendido en este libro y en ejemplos tales como los que dado de gente como el multimillonario Warren Buffet, la clave es entender el riesgo y en lo que estás invirtiendo.

Invertir en lo que amas: Un punto muy importante que hicimos antes en el libro es el poder del amor, y los inmensos beneficios que se pueden extraer de hacer lo que realmente quieres. Lo mismo se aplica a la inversión: si inviertes en algo que amas, serás más propenso a querer aprender y entender la inversión y por lo tanto comprender el riesgo y aumentar tus posibilidades de éxito.

Riesgo: Este es un concepto que se encuentra en todos los libros de finanzas y que en realidad aterroriza las capitales bancarias durante los últimos años.

En términos simples, todo tiene un riesgo. Hay diferentes tipos de riesgos. Así que la clave es entender cuáles son y cómo manejarlos.

Ahorros: No quiero hacer caso omiso de los ahorros; es algo muy bueno y noble de hacer. Debemos enseñar a los demás y aprender a hacerlo, pero creo que debe ser con una visión que considere todos los términos y conceptos mencionados en esta sección.

Hay una cosa y sólo una cosa en la que necesitas centrarte... y eso es... CREAR ACTIVOS & VIVIR POR DEBAJO DE SUS MEDIOS... Sin embargo, sólo podrás hacerlo si manejas tus sentimientos, tu mente subconsciente, ¡tus hábitos!

FIN

¡Te deseo la vida más Increíble, Maravillosa, Feliz y Exitosa!

RESUMEN FINAL

Espero que hayas disfrutado este libro y te haya parecido útil. Para recordar la fórmula es posible que desees encontrar el modelo que más te convenga. En mi caso, a mi cerebro le gustan las imágenes, y es por eso que uso el cree el MODELO JP TI ©, y su conjunto de bloques y columnas que mostré al principio del libro.

En este punto también puede resultar más fácil entender cómo deseas estructurarte y manejarte, para mantener los cambios que lograrás en los años que vienen.

Como dije antes, no espero que estés de acuerdo con todo lo que comparto en este libro, pero si tomas al menos una cosa que te ayude a ser más feliz – más allá del éxito o lograr uno de tus muchos sueños – ¡estás ayudándonos a ambos a lograr parte de esta increíble meta! ¡Gracias!

FELICIDAD Y ÉXITO		
HÁBITOS	EL PROCESO CREATIVO	FINANZAS
	AUTOEVALUACIÓN	
	BLOQUES, FUDNAMENTOS Y CIMIENTOS	
	LEYES UNIVERSALES	
	SALUD	

Recuerda... *"LA VIDA ES UN MARATÓN... NO UNA CARRERA"*

Así que... empieza a "INCREMENTAR"... ¡AHORA!

OTROS AGRADECIMIENTOS

También quiero agradecer a algunas personas en especial que me inspiraron y compartieron su conocimiento en el pasado, como yo lo estoy haciendo contigo hoy, sin orden en particular:

Rhonda Byrne
Napoleon Hill
Bob Proctor
John Assaraf
Prof. Steve Peters
Dr. John Demartini
Dale Carnegie
Deepak Chopra
Robert Kiyosaki
Anthony Robins
Warren Buffett
Stephen Covey
Louise Hay
Will Smith
Tyrese Gibson
Dr. Wayne W. Dyer

Acerca de JP TI

VIVE PARA INSPIRAR ... INSPÍRATE PARA VIVIR!
JP TI

El propósito y pasión de vida de JP es ayudar a otras personas a mejorar sus vidas. El es un Inspirador Transformacional, Banquero Internacional, Asesor, Orador Público, Mentor, Autor y Escritor. JP se ha comprometido a contribuir a mejorar el futuro de la sociedad, ayudando e inspirando a las personas a transformar sus vidas y alcanzar todo su potencial, así como asesorando a empresas a encontrar, crear y gestionar los cambios necesarios para generar los resultados que desean, y llevarlos a la cima de su industria.

A lo largo de su carrera profesional, JP se ha expuesto y exitosamente a ayudado a gestionar el rendimiento y cambio de empresas multibillonarias, con presencia en más de 30 países en varias regiones, incluyendo varios roles y cargos en programas multimillonarios cubriendo desde la incepción hasta el desarrollo y la finalización.

JP ha sido miembro clave de varios equipos de CEOs y las Oficina Ejecutiva en algunos de los Bancos y empresas de Servicios Profesionales mas grandes del mundo, constantemente logrando sus metas personales y profesionales en los últimos 15+ años.

El también tiene experiencia en PYMEs, habiendo creado, liderado y aconsejado varias empresas en diversos sectores a través de roles ejecutivos y no ejecutivos. JP es asesor a organizaciones sin fines de lucro, centrándose en los jóvenes y líderes del futuro, así como en la creación de oportunidades excepcionales para inspirar a los estos a desarrollar una mentalidad de éxito, ayudándoles a aprender las mejores prácticas para lograr todas con sus aspiraciones.

JP es el orgulloso padre de dos hijas. Tiene un M.Sc. en Administración Empresas, Economía y Contabilidad con honores y un Post-grado en Finanzas Internacionales. Habla español e inglés con fluidez.

NOTAS

www.ingramcontent.com/pod-product-compliance
Lightning Source LLC
Chambersburg PA
CBHW051431090426
42737CB00014B/2920